AF199893

Friedrich Meier

Die Lehre vom Wahren und Falschen bei Descartes und bei Spinoza

Friedrich Meier

Die Lehre vom Wahren und Falschen bei Descartes und bei Spinoza

ISBN/EAN: 9783744668132

Hergestellt in Europa, USA, Kanada, Australien, Japan

Cover: Foto ©ninafisch / pixelio.de

Weitere Bücher finden Sie auf **www.hansebooks.com**

DIE LEHRE

VOM

WAHREN UND FALSCHEN

BEI DESCARTES UND BEI SPINOZA.

———

INAUGURAL-DISSERTATION

ZUR ERLANGUNG DER DOCTORWÜRDE

DER PHILOSOPHISCHEN FACULTÄT

DER UNIVERSITÄT LEIPZIG

VORGELEGT

VON

FRIEDRICH MEIER

AUS DRESDEN.

MEINER LIEBEN MUTTER

IN

DANKBARKEIT UND TREUE.

Inhaltsübersicht.

Die Citate in der vorliegenden Arbeit beziehen sich auf folgende Ausgaben:

Renati Descartes specimina philosophiae. Amstelodami. 1656.
— — principia philosophiae. Amst. 1656.
— — meditationes de prima philosophia. Amst. 1658.
(object. V. & VII. 1657.)
— — passiones animae. Amst. 1656.
— — epistolae. Amst. 1682.
— — opuscula posthuma, physica et mathematica. Amst. 1701.
(Die notae in progr. quodd. werden citiert nach dem Abdruck in den responsiones.)
Spinozae opera philosophica. ed. H. Ginsberg. Berlin 1877—93.
Ausserdem wurden benutzt die Übersetzungen von Kirchmann, Schaarschmidt (tract. de deo et hom.) und Stern, und der Grundriss der Geschichte der Philosophie von Ueberweg-Heinze (7. Aufl. 1886—88).

Nach Fertigstellung der Arbeit wurden verglichen:

Erdmann, Grundriss der Geschichte der Philosophie. 1878.
Falckenberg, Geschichte der neueren Philosophie. 1892.
Ritter, Geschichte der Philosophie. 1852.
Jul. Baumann, doctrina Cartesiana de vero et falso explicata atque examinata. I.-D. Berol. 1863.
E. Grimm, Descartes' Lehre von den angeborenen Ideen. 1873.
Bernh. Klöpel, Das lumen naturale bei Descartes. I.-D. Leipzig 1896.
Natorp, Descartes' Erkenntnistheorie. 1882.
Ritter, Über den Einfluss der Philosophie des Cartesius auf die Ausbildung der des Spinoza. 1817.
Schaarschmidt, Des Cartes und Spinoza. 1850.

Sigwart, Über den Zusammenhang des Spinozismus mit der cartesianischen Philosophie. 1816.

W. Bolin, Spinoza. 1894.

Busolt, Die Grundzüge der Erkenntnistheorie und Metaphysik
Spinozas. 1875.

Camerer, Die Lehre Spinozas. 1877.

Jäsche, Der Pantheismus nach seinen verschiedenen Hauptformen.
1826.

Kalischek, Über die drei in der Ethik Spinozas behandelten Formen
des Erkennens. I.-D. 1880.

F. Tönnies, Studie zur Entwicklungsgeschichte des Spinoza.

Volkelt, Pantheismus und Individualismus im Systeme Spinozas.
1872.

Zimmermann, Über einige logische Fehler der spinozistischen
Ethik. 1850/51.

Wie Spinoza in seiner Philosophie vielfache Anregungen durch Descartes erhalten hat, wie er teils Ideen und Terminologie einfach von seinem grossen Vorgänger übernommen, teils das, was in der cartesianischen Philosophie keimhaft enthalten war, weitergeführt und zu einem consequenten System ausgebildet hat, so auch in der Lehre vom Wahren und Falschen. Bei beiden Philosophen ist die Erkenntnis der Wahrheit und das Vermeiden des Irrtums nicht nur an sich wertvoll[1]), sondern durch die intellectualistische Tendenz[2])

---

[1]) Bei Sp. sogar das höchste Gut. Eth. IV, 26—29. tract. theol.-pol. IV. S. 43.

[2]) Zu Desc. vgl.: pass. anim. I, 49: magna differentia est inter decreta, quae procedunt ex falsa quadam opinione et ea, quae non nisi cognitione veritatis nituntur. — II, 144: cupiditas semper bona est, cum veram sequitur notitiam; ita non potest non mala esse, cum alicui errori innititur. quoad res, quae ex nobis solis pendent, sufficit scire eas esse bonas, ut non possint nimis fervide desiderari. — III, 160: vitium vulgo ex ignorantia nascitur. — III, 211: cum passio incitat ad actiones, in quibus necessarium est consilium sumi in arena, debet praecipue voluntas ferri in considerandis et sectandis rationibus, quae contrariae sunt illis, quas passio profert.

Vgl. auch a. a. O. II, 145, 146; III, 161, 170. de meth. III. S. 23. ep. I, 111. S. 352. I, 1. S. 2. princ. phil. IV, 191 (Gefühl durch Urteil beeinflusst).

Zu Sp. vgl.: tract. de deo et hom. II, 2, 19. Eth. II, 49 cor.; IV, 8, 18 schol., 26 demonstr., 59, append. c. 3 ff.; V, 3, 4 schol., 6, 38.

Dass bei Desc. der Wille beim Erkennen eine grosse Rolle spielt, ändert nichts an seiner Behauptung, dass das Erkennen auf Handeln, Fühlen und Urteilen einen massgebenden Einfluss hat.

Ebenso ändern bei Sp. voluntaristische Gedanken (bes. Eth. III, 6—9; vgl. F. Tönnies, Studie zur Entwicklungsgeschichte des Spinoza, in der Vierteljahrsschrift f. wiss. Phil. VII, bes. S. 169) nichts daran, dass der Intellectualismus überall seine Grundansicht bildet.

ihrer Philosophien wird das Erkennen oder Irren von grund-
legender Bedeutung auch für das ethische Verhalten und
damit das Glück des Menschen. Besonders in der Erklärung
des Irrtums zeigt sich die Ähnlichkeit der Philosophien
beider. Descartes wie Spinoza halten ihn für einen Mangel;
er ist nicht im eigentlichen Sinne etwas Falsches, sondern
ein Teilhaben am Nichts[1]). Aber noch in andrer Hinsicht
bilden die Lehren dieser beiden Denker vom Wahren und
Falschen Parallelen: die principielle Trennung der denkenden
von der ausgedehnten Substanz bei Descartes[2]) und des
Attributs des Denkens von dem der Ausdehnung bei Spinoza[3])
macht ein Erkennen eigentlich unmöglich. Descartes entgeht
dieser Schwierigkeit, indem er unter dem steten concursus
dei eine gegenseitige Einwirkung von Leib und Seele, ver-
mittelt in der Zirbeldrüse, annimmt[4]), Spinoza, indem er die
beiden Attribute identificiert[5]). Indem aber Descartes seinem
Gott als eines der wesentlichsten Merkmale veracitas zuschreibt[6]), und indem Spinoza Denken und Ausdehnung sich
vollkommen decken lässt, hat der eine wie der andere den
Irrtum aus dem menschlichen Erkennen ausgeschlossen. Da
aber die tägliche Erfahrung ihren Speculationen hierin offenbar widerspricht, so suchen sie unter mancherlei Inconse-
quenzen das Wesen und die Entstehung des Irrtums zu
erklären.

---

[1]) de meth. IV. S. 31. Med. III. S. 23; IV. S. 30, 34. Eth. II, 33, 35.
[2]) pass. anim. I, 4 ff., 30. princ. phil. I, 60; IV, 188. dioptr. IV, 1.
resp. ad obj. sext. S. 182 f. ep. I, 29. S. 59; I, 95. S. 312; II, 56. S. 213.
[3]) Eth. I, 10; II, 6; III, 2.
[4]) pass. anim. I, 31. princ. phil. IV, 189. ep. II, 50. S. 196/97 u. a.
[5]) Eth. II, 7 schol.   [6]) Med. III. S. 28. princ. phil. I, 29.

I.

Descartes geht aus[1]) von der Selbstgewissheit des denkenden Ich. Alles andre kann ich bezweifeln, das me cogitantem esse ist das einzige, dessen Gewissheit über jeden Zweifel erhaben ist. Descartes fragt nun weiter: Worin ist diese Gewissheit begründet? Da er in dieser ersten Erkenntnis nichts Charakteristisches findet als clara quaedam et distincta perceptio, so schliesst er von der ersten und einzigen Erkenntnis cogito ergo sum zurück auf den Satz: *omne esse verum, quod valde clare et distincte percipio.* Dieser Rückschluss (denn ein solcher ist es nach dieser Darstellung des Descartes offenbar: aus dem allgemeinen Satz, dass alles klar und deutlich Erkannte wahr ist, folgt erst die Wahrheit der klaren und deutlichen Erkenntnis: me cogitantem esse) schliesst verschiedene Fehler in sich:

Descartes sagt erst: sum certus me esse rem cogitantem; will er daraus einen allgemeinen Satz über das klare und deutliche Wissen ableiten, so kann dieser bloss lauten: certus sum de omnibus eis rebus, quas valde clare et distincte percipio. Von der Selbstgewissheit des denkenden Ich kann man nicht zu einem Kriterium der Wahrheit kommen, sondern bloss zu einer Regel über die Gewissheit. Das Gewisse hat zwar für mich eine zwingende Giltigkeit und ist für mich das Wahre. Jedoch es bleibt immer etwas Subjectives; die Wahrheit aber ist etwas Objectives.

Der zweite Fehler, den Descartes bei seinem Rückschluss auf das Kriterium der Wahrheit macht, ist die Verwechslung des non dubitari posse mit dem clare et distincte percipi. Das Charakteristische des cogito ergo

---

[1]) Med. III im Eingang.

sum ist nicht die Klarheit und Deutlichkeit, sondern die Unbezweifelbarkeit[1]). Das geht schon aus dem Umstand hervor, dass Descartes im Anfang alles bezweifelt; hier muss er Halt machen, dies ist die einzige Thatsache, die er mit keinem Gegengrund in Zweifel ziehen kann. So komme ich von dem cogito ergo sum allein zu dem ziemlich inhaltsleeren Satz: certus sum de eis rebus, quas dubitare non possum. Durch diese Vertauschung kommt Descartes in Widerspruch mit sich selbst. Wenn er das cogito ergo sum als wahr hinstellt, weil es klar und deutlich ist, so muss er erst wieder beweisen, dass alles klar und deutlich Erkannte wahr ist; daher stützt er, wie weiter unten erwähnt wird. diesen Satz auf die nicht betrügerische Natur Gottes. Seine ursprüngliche und eigentliche Meinung ist aber, dass das cogito ergo sum einem jeden so gewiss ist, dass er es nicht wegleugnen kann. Richtiger als die Regel von der Wahrheit des klar und deutlich Erkannten ist daher die: nihil pro vero habeo, de quo non ita certus sum ac me esse, me cogitare, meque esse rem cogitantem certo scio[2]). An der Richtigkeit dieser Erkenntnisregel ist nichts auszusetzen; aber praktisch ist sie wertlos. Denn ebenso gewiss wie mein Sein als denkendes Ding kann mir nichts sein. Alles andre habe ich vorher in Zweifel gezogen, folglich ist es weniger gewiss als das cogito ergo sum, dem mein Zweifel nichts anhaben konnte. Und alles dient mir in erster Linie als Beweis für mein Sein. So sagt Descartes selbst: si terram judico existere ex eo, quod illam

---

[1]) veritatem huius pronuntiati: ego cogito ergo sum sive existo adeo certam esse atque evidentem, ut nulla tam enormis dubitandi causa fingi possit. a qua illa non eximatur. de meth. IV. S. 26. — cogitatio est, haec sola a me divelli nequit. Med. II. S. 11. — te qui dubitas esse ita verum est, ut non magis de eo dubitare possis. inqu. ver. p. lum. nat. S. 78. Eudox.

[2]) inqu. ver. p. lum. nat. S. 89. Eudox. Vgl. de meth. II. S. 15. resp. ad obj. sec. S. 90.

tangam vel videam, certe ex hoc ipso adhuc magis mihi iudicandum est mentem meam existere; atque ita de ceteris[1]). Es ist daher eine Inconsequenz, wenn Descartes später sagt, dass die Gottesvorstellung im höchsten Masse klar und deutlich sei und mehr wahr als alle anderen[2]). Die Schwäche seines Wahrheitskriteriums scheint Descartes selbst einzusehen; denn er sucht es noch durch einen Beweis zu stützen. Man könnte ja einwenden, dass Gott uns ein solches Erkenntnisvermögen gegeben hätte, das das Wahre für falsch hält und umgekehrt[3]). Darum beweist Descartes zunächst aus der Klarheit und Deutlichkeit der vollkommenen Gottesvorstellung das Sein Gottes[4]), und dann aus seiner Vollkommenheit seine veracitas[5]). Damit erst wird die Regel, dass alles wahr ist, was ich klar und deutlich erkenne, zuverlässig[6]). Schon von Hobbes u. a. ist hier ein Zirkelschluss gefunden worden[7]). Descartes verteidigt sich gegen diesen Vorwurf, indem er die erste Erkenntnis nos esse rem cogitantem, nicht als deductiv, nicht als durch einen Syllogismus gewonnen hinstellt, sondern als intuitiv erkannt[8]). Dieser Gegengrund wäre stichhaltig, wenn Descartes nicht selbst als das wesentliche, ja als das einzige[9]) Merkmal des cogito ergo sum die Klarheit und Deutlichkeit hingestellt hätte. Aber auch wenn wir die erste Erkenntnis als intuitive, unmittelbare gelten lassen, würde doch der

---

[1]) princ. ph. I, 11.

[2]) Med. III. S. 24. Dagegen princ. ph. I, 10: haec propositio cogito ergo sum omnium prima et certissima est, und andrerseits resp. ad obj. sec. S. 95: deum inadaequatissime concipimus.

[3]) Med. I. Schluss. princ. ph. I, 30. de meth. IV. S. 31.

[4]) Med. III. S. 24. [5]) Med. III. S. 28. princ. ph. I, 29 f.

[6]) de meth. IV. S. 31. princ. ph. I, 30.

[7]) obj. sec. S. 76 (tertio). obj. quart. S. 137.

[8]) resp. ad obj. sec. S. 87 (tertio). resp. ad obj. sext. S. 181. inqu. ver. p. l. nat. S. 87.

[9]) nempe in hac prima cognitione nihil aliud est, quam clara quaedam et distincta perceptio. Med. III. S. 16 zu 17.

Zirkelschluss bleiben: Alles klar und deutlich Erkannte muss wahr sein. Gott erkennen wir klar und deutlich als seienden, also ist er. Weil Gott ist und weil er nicht betrügerisch ist, steht es fest, dass das klar und deutlich Erkannte wahr ist. Auch in dieser Form (bei der also das cogito ergo sum gar nicht in Betracht kommt) sieht Descartes keinen Zirkelschluss. Er unterscheidet[1]) id quod re ipsa clare percipimus und id quod recordamur nos antea clare percepisse. Zu den Erkenntnissen der ersten Art rechnet er die Existenz Gottes. Was er damit seinen Gegnern gegenüber gewonnen hat, wird nicht recht klar. Das primum nobis constat deum existere scheint den Beweis für sein Wahrheitskriterium bilden zu sollen; es widerspricht aber seinen sonstigen Anschauungen, nach denen die Selbstgewissheit allein die erste Erkenntnis ausmacht. Der scheinbare Zirkelschluss löst sich jedoch auf andere Weise einfach auf, indem unsere klare und deutliche Erkenntnis Gottes das principium cognoscendi für seine Existenz, und Gott das principium essendi für die Giltigkeit des Wahrheitskriteriums ist[2]). Damit ist aber nichts gewonnen; denn die Ableitung des Wahrheitskriteriums aus der Selbstgewissheit ist nach dem S. 3 f. Gesagten unberechtigt. Daher hängt seine Gotteserkenntnis gar nicht mit der ursprünglichen Erkenntnis cogito ergo sum zusammen. Es mangelt ihr die Gewissheit dieser. Seinen Beweis für die Zuverlässigkeit des Wahrheitskriteriums aus der Wahrhaftigkeit Gottes muss Descartes ebenfalls auf Gründe stützen, für die er keinen andern Beweis als das natürliche Licht hat, so z. B. eam rem,

---

[1]) resp. ad obj. quart. S. 158.

[2]) Erdmann (Grundriss der Geschichte der Philosophie II, 17) will diese Verteidigung bei Desc. selbst finden. Aber selbst an den von ihm citierten Stellen resp. IV. S. 134 (Ausgabe von 1658 S. 153); resp. VI. S. 155 (181); resp. II. S. 74 (87); Med. III. S. 24 findet sich weder der Ausdruck principium cognoscendi, principium essendi noch der Gedanke.

quae novit aliquid se perfectius, a se non esse[1]); omnem fraudem et deceptionem a defectu aliquo pendere[2]), oder durch Sätze, für die er keinen Beweis giebt: deum esse datorem luminis, fallendi voluntatem nisi ex malitia vel metu vel imbecillitate procedere[3]). Überhaupt ist ja die Verwendung des theologischen Gottesbegriffs zu philosophischen Beweisen unzulässig[4]); bei Descartes erklärt sie sich einfach durch den Einfluss der Scholastik.

Aber folgen wir Descartes weiter; für ihn gilt der Satz als bewiesen: omnia vera esse, quae valde clare et distincte percipimus. Und zwar definiert er[5]): claram perceptionem voco illam, quae menti attendenti praesens et aperta est. Durch den Vergleich der clara perceptio mit dem im Blickpunkt des Auges Befindlichen wird der Leser unwillkürlich an den modernen Begriff der Apperception[6]) erinnert. Eine distincta perceptio ist dagegen die, quae cum clara sit, ab omnibus aliis ita seiuncta est et praecisa, ut nihil plane aliud, quam quod clarum est, in se contineat. Diese Erkenntnis setzt also jene voraus[7]). Die klare Erkenntnis bezieht sich auf den Inhalt, die deutliche auf den Umfang der Vorstellung[8]). Auch bei diesen Definitionen hat Descartes nicht gesehen, dass wir mit der klaren und deutlichen Erkenntnis nicht über das Subjective hinauskommen. Es ist doch immer unsere mens attendens, der die klare Vorstellung praesens et aperta ist, und die die deutliche Vorstellung von allen anderen getrennt und gegen sie abgegrenzt sieht. Die Klarheit und Deutlichkeit ist wohl die Voraussetzung beim Fürwahrhalten; aber indem sie sich bloss auf die Form der

---

[1]) princ. ph. I, 20.   [2]) Med. III. S. 28.   [3]) princ. ph. I, 29.
[4]) Dies rügt schon Sp. ep. 36.   [5]) princ. ph. I, 45.
[6]) vgl. Wundt, Physiologische Psychologie[3] II, 236.
[7]) princ. ph. I, 46.
[8]) Daher princ. ph. I, 63: non distinctior fit conceptus ex eo, quod pauciora in eo comprehendamus, sed tantum ex eo, quod illa, quae in ipso comprehendimus, ab omnibus aliis accurate distinguamus.

Vorstellung bezieht, nicht auf ihren Inhalt, genügt sie nicht als Kriterium der Wahrheit. Die Fälle, in denen man etwas klar und deutlich einsieht, und doch dabei irrt, sprechen gegen Descartes. Er verteidigt sich gegen diesen Vorwurf; aber indem er erklärt[1]), dass die Klarheit und Deutlichkeit dann aus einer falschen Quelle stamme, giebt er zu, dass sein Wahrheitskriterium allein nicht genügt. Noch mehr spricht gegen ihn der Widerspruch zwischen zwei klaren und deutlichen Erkenntnissen, die also beide wahr sein müssten. So ist z. B. nach der einen unser Wille frei[2]), nach der andern hängt er wie alles andere von Gott ab[3]). Diesen Widerspruch sucht er teils durch die Unerforschlichkeit Gottes zu erklären[4]), teils indem er unseren Willen nur mittelbar durch Gott bestimmt werden lässt. Deus, antequam nos in hunc orbem mitteret, exacte noverat, quales essent futurae voluntatis nostrae propensiones omnes; cetera etiam extra nos ita disposuit, ut haec et illa objecta se sensibus nostris hoc et illo tempore obicerent, quorum occasione scivit fore, ut liberum nostrum arbitrium nos ad hoc vel illud determinaret: id ergo sic voluit, sed noluit tamen nos ad hoc cogere[5]). Damit hebt er aber das liberum arbitrium auf, so dass Gott allein die Handlungen des Menschen bestimmt. Bei beiden Erklärungen bleibt der Widerstreit zwischen zwei klaren und deutlichen Erkenntnissen. Die Wahrheitsregel genügt also nicht. Ihre einzige Stütze ist die Ableitung aus der veracitas Dei; mit ihr steht und fällt sie. Darum will auch Descartes dem Atheisten selbst bei den evidentesten Erkenntnissen keine Gewissheit zugestehen, weil diesem ja immer noch der Zweifel bleibt, dass der Urheber seines Wissens betrügerisch sei[6]). Trotzdem müssten ja die

---

[1]) resp. ad sec. obj. S. 91.   [2]) princ. ph. I, 39.
[3]) Med. III. S. 26; IV. S. 34. princ. ph. I, 40. ep. I, 9. S. 25.
[4]) princ. ph. I, 41.   [5]) ep. I, 10. S. 28.
[6]) resp. ad obj. sext. S. 185. No. 4. Übrigens bezeichnet Desc. selbst diesen metaphysischen Zweifelsgrund als sehr schwach. Med. III. S. 18.

klaren und deutlichen Erkenntnisse des Atheisten wahr sein,
wenn sie ihm auch nicht gewiss werden; denn die Ableitung
aus der veracitas Dei thut doch material nichts zu der einzelnen
klaren und deutlichen Erkenntnis hinzu, sondern sie bildet
nur formal den Beweis für ihre Giltigkeit. Wenn aber der
Atheist weder an einen betrügerischen noch überhaupt an
einen Urheber seines Wissens glaubt, so fällt für ihn der
Zweifelsgrund des Descartes dahin, und er müsste, wenn das
Wahrheitskriterium genügte, zu derselben Wahrheit und Gewissheit kommen, wie die, die ihre Erkenntnis auf Gott
zurückführen, zumal da dies Princip der Erkenntnis nach
Descartes schon durch das lumen naturale jedem bekannt ist[1].

Das Wahrheitskriterium ist von der grössten Bedeutung
für die Philosophie des Descartes, weil nach ihm das für
uns Klare und Deutliche bei Gott möglich ist. generatim
licet asserere Deum posse omnia illa facere, quae comprehendere possumus, non vero eum non posse facere ea, quae
non comprehendere possumus[2]. Gott kann also mehr wirken,
als wir verstehen; aber das, was wir klar und deutlich einsehen, kann er sicher wirken, und das, was wir als verschieden von einander erkennen, kann auch bei ihm verschieden sein[3]. Ja noch mehr: Alles das, dessen Existenz
wir klar und deutlich als notwendig einsehen, existiert auch
wirklich[4].

So ergiebt sich für Descartes aus dem Wahrheitskriterium: omne esse verum, quod valde clare et distincte

[1] lumen naturale nobis dictat, numquam nisi de re cognita esse
iudicandum. princ. ph. I, 44. — mens nostra est talis naturae, ut non
possit clare intellectis non assentiri. ep. I, 81. S. 279.

[2] ep. II, 104. S. 341.

[3] Med. VI. S. 45. princ. ph. I, 60. ep. II, 43. S. 178.

[4] id omne, quod clare percipimus, est verum; atque adeo existit,
si quidem percipiamus fieri non posse quin existat. ep. II, 60. S. 219.
Daher auch princ. ph. II, 20: nihil enim possumus cogitatione dividere,
quin hoc ipso cognoscamus esse divisibile. Ebenso ep. I, 105. S. 342/43.

percipimus, die erste Erkenntnisregel: nur das klar und
deutlich Erkannte für wahr zu halten[1]). Diese Erkenntnisregel wendet Descartes immer und immer wieder an[2]); bei
jeder neuen Erkenntnis sucht er zu beweisen, dass sie klar
und deutlich ist, und nur deswegen als wahr zugelassen
wird. Auf diese Regel bezieht er sich, wenn er, nicht
ohne Stolz. sagt. dass er alle Zweifel mit durchschlagenderen
Gegengründen als je einer vor ihm zurückgewiesen habe[3]).
Darum vergleicht er sich mit einem Bauer, der zufällig
einen Schatz findet, den andere schon lange vor ihm trotz
aller Mühe nicht finden konnten[4]). Durch diese Regel glaubt
er seiner Philosophie eine grössere Gewissheit gegeben
zu haben. als sie die mathematischen Sätze haben[5]). Und
so hofft er auch, alle Menschen würden durch ihn vom Da-
sein Gottes und der Unsterblichkeit der Seele überzeugt
werden. selbst seiner Naturphilosophie würden alle sofort
zustimmen[6]). Seine Erwartungen sind nicht eingetroffen;
aber der grosse Einfluss, den seine erste Erkenntnisregel
gehabt hat, lässt sich nicht verkennen[7]). Allerdings über-
treibt Descartes oft die Bedeutung seiner Regel, z. B. wenn
er sagt: ein Ungläubiger würde sündigen. wenn er dem
Christenglauben beiträte, so lange er ihm noch nicht klar
wäre[8]).

Mit der ersten Erkenntnisregel hängt die zweite und
dritte zusammen. Weil das Einfache immer leichter klar

---

[1]) de meth. 11. S. 15. reg. ad dir. ing. S. 2 f. princ. ph. I, 44, 75 u. a.
[2]) vgl. dazu ep. II, 16 Nr. 9, S. 90: quicunque nullum iudicium
ferunt, nisi de rebus, quas clare et distincte percipiunt (quod, quantum
in me est, semper observo)......
[3]) notae in prgr. quodd. S. 224.   [4]) inq. ver. p. lum. nat. S. 68.
[5]) ep. II, 103. S. 334; II, 104. S. 340. de meth. V. S. 33.
[6]) Brief an die Sorbonne als Widmung der Med. S. 4. de meth.
V. S. 53. ep. II, 103. S. 334.
[7]) z. B. wendet sie Sp. oft an, besonders in seinen ersten Schriften.
Vgl. auch den Brief Blyenberghs an Sp. (Sp. ep. 33) und ep. 41 im
Eingang, und viele Stellen in der Ethik.   [8]) resp. ad obj. sec. S. 92.

und deutlich einzusehen ist, als das Zusammengesetzte, muss
man jede Frage in ihre einzelnen Bestandteile auflösen.
Erst wird das Einfache beantwortet, von ihm kommt man
zu dem Verwickelteren[1]). Auch hierbei ist, wie bei der
ersten Erkenntnisregel, die Mathematik und ihre Methode
das Vorbild[2]).

Die Ableitung aus wenigen einfachen Principien[3]) ist charakteristisch für die deductive Methode[4]) des Descartes;
sie hängt eng zusammen mit seinem Rationalismus. Voraussetzung ist dabei, dass alle Erkenntnisse in einem engen
Zusammenhang stehen[5]). Diese Voraussetzung glaubt Descartes durch seine Ausführungen bewiesen zu haben. Dieser
Connex aller Erkenntnisse bildet für ihn zugleich die Verteidigung gegen den Vorwurf, dass die einfachsten Erkenntnisse, wie z. B. die unserer Existenz, ziemlich unfruchtbar
seien[6]). Aus dieser Regel folgt, dass eine Wahrheit, die
man auf einfache, klare und deutliche Principien zurückführen kann, unbezweifelbar ist[7]). Bei der Deduction ist

---

¹) de meth. S. 15. reg. ad dir. ing. S. 13f.
²) reg. ad dir. ing. S. 4.
³) Über den Terminus principium in diesem Sinne vgl. ep. I, 118.
S. 379.
⁴) princ. ph. III, 4. Er glaubt auch alles in den Meditationen aus
wenigen einfachen Sätzen abgeleitet zu haben. resp. ad obj. sext. S. 198.
ebenso in seiner Naturphilosophie. princ. ph. IV, 145, 206. Hierbei
übersieht er, dass er öfters willkürliche Annahmen macht, die nicht notwendig aus seinen Principien folgen, so z. B. princ. ph. III, 89, 131.
132, 135; IV, 136, 185.
⁵) cognitiones enim, quae captum ingenii humani non superant.
omnes tam mirando vinculo connexae sunt, et unae ex aliis tam ne-
cessariis consequentiis deduci possunt, ut non magna industria et dexteritate
opus sit ad eas inveniendas, modo a maxime simplicibus incipiendo per
gradus usque ad maxime sublimes procedere noverimus. inqu. ver. p.
lum. nat. S. 68. Ähnlich S. 90 und ep. II, 56. S. 213. Verursacht ist
dieser Zusammenhang der Erkenntnisse durch die Abhängigkeit aller
Dinge von einer Ursache, von Gott. princ. ph. I, 75.
⁶) inqu. ver. p. lum. nat. S. 89. Epistemon. ⁷) ep. III, 113. S. 418.
2*

es nicht nötig, jedesmal bis auf die letzten einfachen Sätze
zurückzugehen; es genügt die Erinnerung, dass man einen
Satz einmal klar eingesehen hat, um seiner Wahrheit gewiss
zu sein[1]). Wie aber, wenn sich eine Wirkung auf verschiedene Weise aus den angenommenen einfachen Principien
erklären lässt? Descartes nimmt selbst an, dass die Principien seiner Naturphilosophie so einfach und allgemein seien,
dass sich jede einzelne Wirkung auf verschiedene Weise aus
ihnen ableiten lasse[2]). Hier sollen die Versuche entscheiden;
aber da sie keine genügende Beweiskraft haben, so ist
Descartes geneigt, seine Naturerklärung als Hypothese hin-
zustellen[3]), d. h. als eine Annahme, deren Wahrheit man
nicht behauptet, die sich aber zur Erklärung der Natur-
erscheinungen eignet[4]). Er giebt zu, dass Gott die Welt
auf verschiedene Weise hätte schaffen können[5]); und dies
muss er zugeben; denn das klar und deutlich Erkannte ist
bei Gott bloss möglich (vgl. S. 9).

Aber andrerseits scheint es doch, als wolle er seine
Hypothese als die allein richtige hinstellen: Er behauptet,
dass die Ursachen aller natürlichen Dinge sich auf keinem
anderen Wege erklären liessen, dass seine Erklärung alles
aus den allgemein anerkannten einfachsten Elementen über-
zeugend ableite u. a.[6]).

Die vierte Erkenntnisregel bezweckt die Vollständigkeit
der Erkenntnis. Alles, was sich auf die betreffende Frage
bezieht, muss aufgezählt werden, damit nichts übersehen
werde[7]). Ist eine Erkenntnis vollständig, d. h. sind alle die
Eigentümlichkeiten in ihr enthalten, die in der erkannten

---

[1]) resp. ad obj. quart. S. 158. Doch liegt hierbei die Gefahr des
Irrtums nahe. princ. ph. I, 44 (vgl. S. 24).   [2]) de meth. VI. S. 50/51.
[3]) princ. ph. III, 40, 44.   [4]) ibid. III, 15.
[5]) ibid. IV, 204. Daher begnügt er sich auch IV, 137, 186 mit
blossen Annahmen, deren unbedingte Richtigkeit er nicht behauptet.
[6]) princ. ph. IV, 1, 187, 206; III, 43.
[7]) de meth. S. 15. reg. ad dir. ing. S. 18.

Sache selbst sind, so heisst sie adäquat. Wir haben nun wohl oft adäquate Kenntnis von einer Sache, aber wir sind dessen nie gewiss. Denn wir wissen nie, ob Gott in die Sache nicht mehr Eigentümlichkeiten gelegt habe, als wir erkennen, weil wir Gottes unendliche Macht nicht kennen[1]). Gott selbst erkennen wir natürlich nur inadäquat[2]). Welche Kräfte und welche Quellen stehen nun dem Menschen zum Erkennen zur Verfügung? Das Denken, d. h. alles das, was der Seele zugeschrieben werden muss[3]), zerfällt in zwei Teile: percipere und velle. Jenem kommt das sentire, imaginari und pure intelligere, diesem das cupere, aversari, affirmare, negare, dubitare zu[4]). Den Inhalt der Seele bilden ideae, voluntates sive affectus und iudicia[5]). Davon fallen die ideae unter das percipere. Die idea entspricht dem Gegenstand, den man vorstellt; dabei ist es gleichgiltig, ob dieser Gegenstand als ausserhalb meiner existierend angenommen wird oder nicht[6]). Die Ideen sind gewissermassen die Bilder der Dinge[7]); dies ist aber nicht so zu verstehen, dass es bloss Ideen von sinnlichen Dingen gebe[8]), Descartes will den Begriff idea vielmehr weiter fassen[9]): ideae sind alles, was wir vorstellen, ob körperlich oder unkörperlich, ob existierend oder nicht. Die ideae zerfallen nun in drei Arten: nobiscum natae oder innatae, adventitiae oder aliunde venientes, a nobis confictae[10]). Da die von uns selbst gebildeten wenig Bedeutung haben, so kommen bei der Beurteilung des Erkenntniswertes der verschiedenen Arten von Vorstellungen nur die beiden ersten in Betracht.

---

[1]) resp. ad obj. quart. S. 141 f.
[2]) resp. ad obj. sec. S. 95. Med. III. S. 24.   [3]) pass. anim. I. 17.
[4]) princ. ph. I, 32.   [5]) Med. III. S. 18.
[6]) Med. praef. ad lect. S. 2.   [7]) Med. III. S. 18, 21.
[8]) Allerdings lassen bloss die sinnlichen Vorstellungen Spuren im Gehirn zurück, nur von den Sinneseindrücken giebt es Bilder im Gehirn. ep. I, 115. S. 370. notae in progr. quodd.
[9]) ep. III, 113. S. 417.   [10]) Med. III. S. 18. ep. I, 119. S. 381.

Die Voraussetzung für die ideae adventitiae ist die Möglichkeit einer Erkenntnis der Aussenwelt, d. h. ein Zusammenwirken von Seele und Körper[1]). Dass hierin die Philosophie des Descartes nicht consequent ist, wurde schon S. 2 bemerkt. Wir sind nun geneigt, die Vorstellungen, die von aussen kommen, mit Dingen zu identificieren, die wir ausserhalb unser als seiend annehmen[2]). Aber da wir oft bemerkt haben, dass die Sinne uns täuschen, dass wir durch die Nerven bloss eine verworrene Erkenntnis erlangen. so können wir uns auf diese Art der Erkenntnis, auf die imaginatio oder experientia, nicht verlassen[3]). Zwar ist an allem durch die Sinne Erkannten etwas Wahres[4]), aber weil es immer mit Verworrenem verbunden ist, kann es bei der Frage nach der Erkenntnis nicht als ausschlaggebend betrachtet werden. Die imaginatio und experientia haben trotzdem für das gewöhnliche Leben eine grosse Bedeutung; viele Kenntnisse können nur durch sie erlangt werden, wie z. B. Sprachen, Geschichte, Geographie etc.[5]). Aber wie die ideae adventitiae nicht allein den Inhalt unserer Seele bilden, so giebt es ausser der Erfahrung noch andere Erkenntniswege. Zwei davon können allein zu einer sicheren Erkenntnis führen: intuitus und deductio[6]). Der intuitus ist die sicherste Erkenntnis, und übertrifft an Gewissheit noch

---

[1]) Über die doppelte Art der Erkenntnis, aus der Seele allein, und aus der Vereinigung von Seele und Körper s. ep. I. 29. S. 59.
[2]) Med. III. S. 19.
[3]) de meth. IV. S. 32. Med. I. S. 6; VI. S. 44. resp. ad obj. sec. S. 90. pass. anim. I, 26. princ. ph. IV, 191. Zu dem Terminus imaginatio vgl. ep. III, 113. S. 418, zu dem experientia reg. ad dir. ing. S. 4.   [4]) Med. VI. S. 47.   [5]) inq. ver. p. lum. nat. S. 71.
[6]) reg. ad dir. ing. III, S. 7, wo zuerst fälschlich inductio steht, was aber sowohl nach der folgenden Ausführung und Terminologie wie nach der ganzen Ansicht des Desc. in deductio zu verbessern ist. Schaarschmidt (Des Cartes und Spinoza. 1850. S. 11) versucht eine Erklärung der verschiedenen Terminologie inductio und deductio für dieselbe Sache, obwohl schon der Umstand, dass die Lesart inductio sich nur einmal

die deductio. Nur die Offenbarung stellt Descartes in seiner vorsichtigen Art und seiner Verehrung für die Kirche noch über den intuitus[1]). Diesen definiert er[2]) als den mentis purae et attentae tam facilis distinctusque conceptus, ut de eo, quod intelligimus, nulla prorsus dubitatio relinquatur. Die Voraussetzung und Quelle für diese Erkenntnisart sind nun eben die ideae innatae, nobiscum natae, ingenitae, inditae, primitivae oder notiones communes, wie er sie anderwärts[3]) nennt. Zu ihnen gehört vor allen anderen die Idee Gottes[4]) und die der Freiheit unseres Willens[5]). Ferner rechnet Descartes dazu die ewigen Wahrheiten, die er auch Axiome nennt[6]), die einfachsten Principien und Gesetze[7]), die Existenz des denkenden Ich[8]), alle Allgemeinbegriffe wie motus, figura, dolor, color, sonor etc.[9]) Ja, Descartes meint, alles das, was nicht aus der Erfahrung stamme (und in diesem Zusammenhang muss man die sinnliche Erfahrung darunter

---

findet, sie als Versehen des Schreibers oder Druckers leicht erkennen lässt, ein Versehen, dessen Entstehung sich übrigens durch das direkt vorhergehende *intuitus* leicht erklärt. Bestätigt wird diese Annahme durch den französischen Text: or il en existe deux, l'intuition et la déduction (Ausg. von V. Cousin, Paris 1826, XI, 212). Über die eigentliche Induction spricht Desc. erst reg. VII u. XI.

[1]) divinitus relevata omni cognitione certiora credimus. reg. ad dir. ing. S. 7. Ähnlich resp. ad obj. sec. S. 92. princ. ph. I, 28, 76; IV, 207. Daher will er auch den biblischen Schöpfungsbericht als wahr hinstellen (princ. ph. III, 45), obwohl er an anderen Stellen seine Erklärung der Entstehung der Welt als unzweifelhaft richtig bezeichnet (vgl. S. 12).

[2]) reg. ad dir. ing. III. S. 7.

[3]) ep. II, 104. S. 341; I, 29. S. 59. princ. ph. I, 49; II, 3. notae in progr. quodd. S. 219.

[4]) Med. III. S. 27; V. S. 39. ep. I, 115. S. 369; II, 53. S. 207.

[5]) princ. ph. I, 39.

[6]) ibid. I, 49. Angeboren sind also nicht bloss Vorstellungen im engeren Sinne, sondern auch Urteile. Übrigens sind auch die ewigen Wahrheiten von Gott abhängig. ep. I, 112. S. 359; ep. II, 104. S. 341.

[7]) princ. ph. IV, 203. de meth. V. S. 33.

[8]) Med. III. S. 27. resp. ad obj. sext. S. 181.

[9]) notae in progr. quodd. S. 218 f. (zu art. 13).

verstehen), gehöre zu den angeborenen Vorstellungen[1]). Er erklärt selbst[2]), dass er angeborene Vorstellungen bloss annehme, weil er diese Vorstellungen sonst nicht erklären könnte; denn aus der Erfahrung liessen sie sich nicht erklären. Er übersieht dabei, dass eine ganze Reihe derselben aus einfachen Selbstbeobachtungen stammen, wie z. B. die Existenz des denkenden Ich oder die Freiheit des Willens. Modernen Anschauungen über Vermögen, functionelle Disposition, Anlage und Entwicklung kommt Descartes nahe, wenn er sagt[3]), die angeborenen Ideen seien nicht actu in uns, sondern nur dispositione, facultate, potentia. Doch ist dies wohl so zu verstehen, dass die ideae innatae nicht sofort bewusst sind, dass sie vielmehr erst durch Überlegung und Aufmerksamkeit gefunden werden. Denn sonst müssten, da ja diese angeborenen Ideen allgemein[4]), bei allen in gleicher Weise vorhanden sind, alle dieselbe Erkenntnis haben. Aber das Angeborensein der Vorstellungen genügt noch nicht, es muss erst das attendere der Seele hinzukommen, um sie bewusst zu machen. An vielen Stellen[5]) finden wir dies attendere, perpendere, ob oculos ponere, conicere oculos u. s. w. Den äusseren Anlass dazu, dass wir auf eine angeborene Vorstellung acht haben, kann die traditio vel rerum observatio geben.[6]) Die Kraft, die das attendere verursacht, ist der Wille; er ist es, der die Vorstellungen bewusst macht, der der Aufmerksamkeit eine bestimmte Richtung giebt[7]). Wir finden hier also schon fast die

---

[1]) notae in progr. quodd. S. 218 f. (zu art. 13).

[2]) ibid. S. 218 (zu art. 12).

[3]) ibid. S. 218, 220 (zu art. 12, 14). ep. I, 115. S. 369 u.

[4]) princ. ph. I, 50.

[5]) Med. III. S. 23, 25; V. S. 37, 39. princ. ph. I, 45, 75; II, 3, 6, 11. ep. I, 115. S. 372; II, 104. S. 341. notae in progr. quodd. S. 219 (zu art. 13). inqu. ver. p. lum. nat. S. 68, 78, 87. reg. ad dir. ing. S. 57 (reg. XV.), S. 6. (Definition von intuitus.)

[6]) notae in progr. quodd. S. 219 (zu art. 14).

[7]) pass. anim. I, 18, 20, 43.

moderne Theorie der Apperception, wenn auch noch nicht
principiell aufgefasst. Auch hier ist der Vergleich mit dem
Auge und dem aufmerksamen Betrachten bemerkenswert
(oculos ponere, conicere oculos, vgl. auch pass. anim. I, 43).
Dem intuitus steht als zweite zuverlässiges Wissen ver-
mittelnde Erkenntnisart die deductio gegenüber. Zu ihr
gehört alles, was aus anderem sicher Erkannten mit Notwendigkeit geschlossen werden kann. Diese Reihe der
Schlussfolgerungen kann vermöge des Connexes der Erkenntnisse (S. 11) sehr lang sein. Je näher nun die aus
den intuitiven Erkenntnissen gefolgerten Schlüsse diesen
selbst stehen, desto grösser ist ihre Gewissheit; sie nehmen
gewissermassen noch an der intuitio teil[1]).
Man erkennt aus diesen Aufstellungen deutlich den
Rationalismus, dem Descartes huldigt. Die angeborenen
Erkenntnisse sind die eigentliche Quelle alles Wissens,
nächst ihnen kommt das aus ihnen Gefolgerte in Betracht.
Er geht in diesem Rationalismus sogar so weit, dass er
behauptet, ein Mensch mit gesundem Verstande, der in einer
Wüste ohne jede Belehrung aufgewachsen wäre, müsste die-
selben Ansichten wie wir haben[2]). Dies zeugt von einer
übertriebenen Geringschätzung der Erfahrung. Diese Geringschätzung beruht zum grossen Teil auf dem Umstand,
dass er eine Menge Erkenntnisse, die aus der Erfahrung
stammen, irrtümlich zu den angeborenen Ideen rechnet
(vgl. S. 16). Descartes erkennt der Erfahrung keine andere
Bedeutung zu als die der nachträglichen Bestätigung[3]) (abgesehen von dem S. 14 erwähnten Werte). Er deduciert
seine ganze Naturphilosophie aus Principien, deren Kenntnis,
wie er meint, angeboren sei, und seine Deduction wird ihm
dadurch gewisser, dass ihre Resultate mit der Erfahrung

---

[1]) reg. ad dir. ing. S. 7.   [2]) inqu. ver. per lum. nat. S. 73.
[3]) princ. ph. III, 43; IV, 203. Beispiele dafür: IV, 166, 168, 170,
172, 179.

stimmen. Dass er bei seinen Deductionen schon auf die Erfahrung Rücksicht nimmt, teilweise auch deswegen willkürliche Annahmen macht, hat er nicht bemerkt.

Je weiter die Deductionen fortschreiten, desto notwendiger werden Versuche[1]), weil ja die Erkenntnisse desto ungewisser werden, je weiter sie von den Principien entfernt sind (S. 17). Widerspricht daher eine Beobachtung der Annahme, so ist diese nicht als richtig beizubehalten[2]). Die allgemeinen Principien werden dagegen nicht durch die Erfahrung erkannt, sondern diese kommt erst bei den Folgerungen zu ihrem Recht[3]).

Soweit des Descartes Lehre von den Erkenntnisarten. Ehe wir weiter gehen, müssen wir noch einen Begriff betrachten, mit dem er scheinbar eine neue Erkenntnisquelle einführt: das lumen naturale oder naturae. Was ich durch dies natürliche Licht erkenne, ist unzweifelhaft wahr[4]); nichts steht über ihm als die göttliche Offenbarung (vgl. S 15). Die einfachsten Principien sind durch das lumen naturale offenbar[5]), aber auch Sätze, die aus der Beobachtung stammen[6]) oder erst aus anderen geschlossen worden sind[7]). Es stammt von Gott, ist aber endlich und begrenzt[8]). Nach alledem hat es grosse Ähnlichkeit mit der intuitio; dem würde auch nicht widersprechen, dass Descartes abgeleitete Sätze zum lumen naturale rechnet[9]) (vgl. S. 17). Dazu würde ferner gut stimmen, dass er das lumen naturale den impetus

---

[1]) de meth. V. S. 50. princ. ph. IV, 63, 184.
[2]) princ. ph. IV, 184.   [3]) princ. ph. III, 43.
[4]) Med. III. S. 19. princ. ph. I, 30.
[5]) Med. III. S. 20, 21, 23, 28. princ. ph. I, 20. ep. II, 60. S. 219.
[6]) Med. IV. S. 33.   [7]) Med. III. S. 26.
[8]) Med. IV. S. 33.
[9]) Diesen weiteren Gebrauch des lumen naturale übersieht Grimm (Descartes' Lehre von den angeborenen Ideen. 1873. S. 13), wenn er das lumen naturale mit dem voraussetzungslosen klaren und deutlichen Erkennen identificiert.

naturales gegenüberstellt[1]). Descartes giebt uns aber selbst die Erklärung an die Hand, indem er das lumen naturale mit der facultas cognoscendi identificiert[2]). Daher ist nichts im Intellect ausser diesem natürlichen Licht[3]). Diese Identificierung von ratio und lumen naturale wird auch bestätigt durch das Fragment: inquisitio veritatis per lumen naturale; denn hier fragt Eudoxus nach sokratischer Art alles aus dem Poliander heraus, als dessen charakteristisches Merkmal allein der gesunde Menschenverstand[4]) genannt wird. Hier finden wir auch andere Ausdrücke dafür: lumen rationis[5]), sensus communis[6]), internum testimonium[7]); dasselbe besagen magna lux intellectus[8]), ratio naturalis[9]), naturalis cognitio[10]), oder ratio überhaupt[11]).

Die blossen Vorstellungen, die durch diese verschiedenen Erkenntnisquellen in den Verstand kommen, enthalten noch keine Falschheit, sie sind eben, ich stelle sie vor, ohne etwas weiter von ihnen zu behaupten[12]). Dabei übersieht Descartes allerdings, dass mit den Vorstellungen psychologisch schon ein Urteil verbunden ist. Dieser Fehler nötigt ihn auch zu einer Inconsequenz, indem er z. B. der idea, die mir die Kälte als etwas Positives giebt, eine materiale Falschheit zuschreibt[13]), während er sonst bei Vorstellungen

---

[1]) Med. III. S. 19.
[2]) princ. ph. I, 30. Ebenso Med. IV. S. 33 vis intelligendi sive lumen naturale. [3]) ep. I, 115. S. 371.
[4]) So bestimmt auch Bernhard Klüpel auf S. 21 seiner Dissertation: Das lumen naturale bei Descartes diesen Begriff, während er ihn in seiner zusammenfassenden Definition (S. 26) ähnlich wie Grimm zu eng fasst.
[5]) inqu. ver. p. lum. nat. S. 84. Vgl. princ. pb. I, 76; III, 1 u. reg. ad dir. ing. S. 6 (lux rationis). [6]) S. 90. [7]) S. 87.
[8]) Med. IV. S. 32. [9]) princ. ph. III, 45.
[10]) Med. IV. S. 32. [11]) Med. I. S. 5.
[12]) Med. III. S. 18, 22; IV. S. 31. princ. ph. I, 13. ep. I, 119. S. 381.
[13]) Med. III. S. 22. Den Ausdruck material erklärt er resp. ad obj. quart. S. 151: ideae materialiter falsae sind solche, quae iudicio materiam praebent erroris.

eine solche nicht anerkennt. Hätte er idea und iudicium
schärfer und consequenter getrennt, so würde er auch gesehen haben, dass in der idea der Kälte als blosser Vorstellung noch nichts darüber enthalten ist, ob die Kälte
etwas Positives oder, wie Descartes meint, bloss ein Mangel
an Wärme ist. Ferner vergisst Descartes, dass er selbst
eine Reihe Urteile zu den angeborenen Vorstellungen, den
notiones communes, gezählt hat. Es muss ja auch im Intellect schon eine Verknüpfung der Ideen gegeben sein;
denn dem Willen, dem nun das Urteilen zufällt, eignet kein
intelligere, sondern eben bloss ein velle[1]). Andrerseits
aber wirken Wille und Verstand, volitio und intellectus,
stets beim Denken zusammen[2]). Der Verstand percipiert,
der Wille urteilt, d. h. er stimmt der percipierten Vorstellung zu oder nicht[3]). Der Wille ist dabei gewissermassen die höhere Instanz, er giebt dem, was der Intellect
ihm vorlegt, Giltigkeit oder weist es zurück. Die Schwierigkeit, wie das geschehen soll, löst Descartes nicht; auf einen
directen Angriff gegen diesen Punkt seiner Lehre[4]) ant-
wortet er unzureichend, indem er schon Gesagtes wieder-
holt[5]). Man weiss nicht, wie das Wollen allein ausreichen
soll, um ein Urteil über die Realität oder Nichtrealität des
in einer Vorstellung Enthaltenen abzugeben. Nun besteht
nach Descartes ein eigentümliches Verhältnis zwischen Intellect und Wille. Das klare Erkennen ist immer sehr beschränkt[6]), der Wille hingegen ist unbeschränkt[7]). So erstreckt sich mein Wille weiter als mein Verstand[8]) (latius
patet voluntas quam intellectus). Dies kann jedoch nicht
heissen, dass der Wille sich mehr vorstellen könne als der

---

[1]) ep. II, 16. Nr. 11. S. 90.   [2]) Med. IV. S. 31. princ. ph. I, 34.
[3]) Med. III. S. 18. princ. ph. I, 34.   [4]) ep. II, 15 Nr. 11. S. 82.
[5]) ep. II, 16. Nr. 11. S. 90.   [6]) princ. ph. I, 25, 35; II, 35.
[7]) Med. IV. S. 31. princ. ph. I, 35, 39 u. a.
[8]) Med. IV. S. 32. princ. ph. I, 35.

— 21 —

Verstand; vielmehr bezieht sich die Fähigkeit des Willens beim Erkennen bloss auf das Urteilen. Der Verstand kann bloss Bestimmtes klar und deutlich erkennen, der Wille jedoch kann auch verworrenen Vorstellungen zustimmen und sie zu einem Urteil erheben. Aber er ist bei seinem Urteilen auf das Material beschränkt, das ihm der Intellect liefert[1].

Und auch in anderer Hinsicht ist der Wille beschränkt, und somit der Satz hinfällig: voluntatem nullis limitibus circumscribi[2]). In gewissen Fällen kann nämlich der Wille seine Zustimmung zur Realität des Inhalts der Vorstellung, also sein Urteil nicht zurückhalten. Er muss zustimmen bei allem, was klar und deutlich erkannt ist[3]), oder was ziemlich dasselbe sagt, bei dem lumen naturale[4]); er kann ferner seine Zustimmung noch weniger versagen bei dem durch die göttliche Gnade Offenbarten[5]), das ja omni lumine naturali certius ist[6]). So bleibt zur Bethätigung des Willens nur die Erfahrung und die sinnliche Erkenntnis. Selbst bei dem absichtlichen Zweifel an allem (das dubitare gehört ja auch zum velle, princ. ph. I, 32) war der Wille beschränkt; denn er konnte die Existenz des denkenden Ich nicht bezweifeln. Descartes will diese zwingende Natur der klaren und deutlichen Erkenntnis jedoch nicht als eine Beschränkung des Willens gelten lassen. Er betont die absolute Freiheit des Willens und erkennt doch gleichzeitig den determinierten

---

[1]) lumine naturali manifestum est perceptionem intellectus praecedere semper debere voluntatis determinationem. Med. IV. S. 33.

[2]) Med. IV. S. 31.

[3]) mens nostra est talis naturae, ut non possit clare intellectis non assentiri. ep. I, 81. S. 279. Ähnlich Med. IV. S. 32; V. S. 40. princ. ph. I, 43. ep. I, 115. S. 370 f. und sonst oft.

[4]) quaecunque lumine naturali mihi ostenduntur, nullo modo dubia esse possunt. Med. III, S. 19. Ähnlich Med. IV. S. 32, 35; VI. S. 48. princ. ph. III, 1 und sonst oft.

[5]) resp. ad obj. sec. S. 92. princ. ph. I, 28, 76.

[6]) resp. ad obj. sec. S. 92.

Willen als den höchsten an. Die indifferentia ist der niedrigste Grad der Freiheit, die höchste Freiheit offenbart sich darin, dass ich mich zwar voluntarie et libere, aber dennoch infallibiliter für das klar und deutlich Erkannte entscheide[1]). Diesen Widerspruch will Descartes damit lösen, dass er sagt, ich könnte mich trotz der Determinierung auch anders entscheiden[2]); dann gehört natürlich eine grössere Freiheit dazu, sich für das als falsch oder schlecht Erkannte zu entscheiden, als bei einer völligen Indifferenz, wo mich nichts mehr für die eine als für die andere Seite bestimmt. Aber die Behauptung, dass die Determinierung nicht absolut sei, steht in directem Widerspruch zu den sonstigen Ausführungen bei Descartes.

So ist die Behauptung des Descartes, dass der Wille absolut frei sei, hinfällig und damit auch seine Function als ausschlaggebender Factor beim Erkennen. Nur insofern kann eine Mitwirkung des Willens beim Erkennen − abgesehen von der Apperception (S. 16) — zugegeben werden, als er abhält, bei noch nicht klar und deutlich Erkanntem zu urteilen. Beim percipere wirkt er positiv, beim indicare aber nur prohibitiv. Und dies ist schiesslich auch die Meinung bei Descartes[3]). In der Theorie eignet dem Willen zwar die Freiheit, bei jeder Erkenntnis zuzustimmen oder nicht, in der Praxis aber ist es ihm nur gegeben, zwischen verworrenen Erkenntnissen

---

[1]) Med. IV. S. 32. rationes dei more geometrico dispositae: axioma VII. S. 104.   [2]) ep. I, 112. S. 360 f.

[3]) ratio persuadet ab iis, quae non plane certa sunt atque indubitata, assensionem esse cohibendam. Med. I. S. 5, 8. Cum autem, quid verum sit, non satis clare et distincte percipio, siquidem a iudicio ferendo abstineam, clarum est me recte agere et non falli. Med. IV. S. 33. quoties voluntatem in iudiciis ferendis ita contineo, ut ad ea tantum se extendat, quae illi clare et distincte ab intellectu exhibentur, fieri plane non potest, ut errem. Med. IV. S. 35. voluntas nostra potest illam praecipitantiam intempestivi iudicii emendare. ep. I, 81. S. 280. Auch bei den Leidenschaften ist der Wille prohibitiv. pass. anim. I, 46.

zu entscheiden[1]), oder überhaupt das Urteil zurückzuhalten, bis die Klarheit und Deutlichkeit der Erkenntnis selbst das Urteil bestimmt. So lautet die Erkenntnisregel eigentlich nicht: Nur dem klar und deutlich Erkannten zustimmen, weil das die Möglichkeit voraussetzt, solchen Erkenntnissen nicht zuzustimmen, sondern besser: Bei dem nicht klar und deutlich Erkannten nicht urteilen. Denn bei dem nicht klar und deutlich Erkannten habe ich ja die Freiheit, mein Urteil zurückzuhalten oder zu urteilen. Nach alledem ist die Erklärung der Entstehung des Irrtums nicht schwer. Nur von dem, was wir klar und deutlich erkannt haben, haben wir die Überzeugung, dass es wahr ist. Bei den Urteilen, die wir bei verworrener Erkenntnis fällen, können wir zwar zufällig das Richtige treffen, aber wir haben dann nicht die Gewissheit, dass wir in der Wahrheit sind[2]). Psychologisch scheint es sich Descartes so zu erklären, dass das Bewusstsein, diese Vorstellungen zu haben, das ja immer vorhanden ist[3]) und streng von ihnen geschieden wird[4]), anders ist bei einer klaren und deutlichen, als bei einer verworrenen Vorstellung. Der Irrtum entsteht also dadurch, dass ich über eine Sache urteile, die mir noch nicht klar und deutlich ist. Descartes giebt aber selbst zu[5]), dass wir nur selten über etwas urteilen, von dem wir bemerken, dass wir es nicht verstanden haben; vielmehr meinen wir oft etwas zu verstehen, ohne es doch verstanden zu haben. Die Schwierigkeit liegt also darin, zu erkennen, welche Dinge wir klar und deutlich eingesehen haben.[6]) Eine Regel dafür, wie man Dinge, die man nur eingesehen zu haben meint, von solchen unter-

---

[1]) Deus libertatem mihi dedit assentiendi vel non assentiendi quibusdam, quorum claram et distinctam perceptionem in intellectu meo non posuit. Med. IV. S. 34.   [2]) princ. ph. I, 44.
[3]) resp. ad obj. quart. S. 158 f.   [4]) de meth. III. S. 19.
[5]) princ. ph. I, 44.   [6]) de meth. IV. S. 27.

scheidet. die man wirklich eingesehen hat, giebt aber Descartes nicht an. Doch nennt er verschiedene Arten des Irrtums, die sich häufig finden und vor denen man sich darum besonders hüten muss. So meinen wir oft, dass wir früher etwas klar und deutlich eingesehen haben, und daher halten wir es für wahr, während wir es thatsächlich niemals verstanden haben[1]) (vgl. S. 12). Dann wieder urteilen wir zu schnell, zu voreilig[2]); so kommt es, dass lebhafte Personen leichter irren als andere[3]). Dann sind es vor allem die Vorurteile[4]), die einesteils vom klaren und deutlichen Erkennen abhalten, andrerseits dazu führen, ein verworrenes Erkennen für klar und deutlich zu halten. So muss man die Vorurteile möglichst[5]) ablegen. Das klare und deutliche Erkennen wird auch erschwert durch die Unmöglichkeit, längere Zeit etwas mit dem geistigen Auge zu betrachten.[6])

Dies sind die formalen Fehler, aus denen leicht ein Irrtum entsteht. Material irren wir darin am meisten, dass wir Vorstellungen mit Dingen, die wir ausserhalb unser annehmen, identificieren[7]), oder dass wir die Vorstellungen Kategorieen zuteilen, unter die sie nicht gehören, daher auch nicht durch sie erklärt werden können[8]).

Das Hauptinteresse des Descartes bei der Erklärung des Irrtums richtet sich auf die Theodicee. Die Verschiedenheit der Gründe aber, die er zu diesem Zwecke anführt und von denen einer die Mangelhaftigkeit des anderen verbessern soll, zeigt schon, wie wenig ihm diese Aufgabe gelungen ist. Die Frage ist die, wie es möglich ist, dass ich irren kann, wo doch Gott, der mir das Erkenntnis-

---

[1]) princ. ph. I, 44. [2]) Med. VI. S. 48. [3]) de meth. VI. S. 59.
[4]) princ. ph. I, 75. ep. I, 115. S. 370. inqu. ver. per lum. nat.
S. 75. Eudox. S. 86. Eudox.
[5]) Ganz ist es nicht möglich. de meth. II. S. 13.
[6]) Med. V. S. 40. princ. ph. I, 73. ep. I, 115. S. 371.
[7]) Med. III. S. 18. [8]) ep. I, 29. S. 60.

vermögen gegeben hat, nicht betrügerisch ist[1]). Descartes betrachtet darum das Erkenntnisvermögen des Menschen näher. Intellect und Wille wirken beim Erkennen mit. Jedes für sich betrachtet ist nicht die Ursache des Irrtums[2]). Das Erkennen an sich ist unzweifelhaft richtig (d. h. das klare und deutliche Erkennen). Und der Wille ist das höchste, was ich besitze, die grösste Vollkommenheit. So kommt der Irrtum bloss daher, dass sich mein Wille weiter erstreckt als mein Verstand[3]). Ich bin daran schuld, dass ich irre, weil ich meinen Willen nicht in den nötigen Schranken halte; die Kraft dazu hat mir Gott gegeben[4]), aber ich wende sie nicht immer an. Wie das Erkennen des Wahren meine Handlung ist[5]), so hängt auch das Irren allein von mir ab; denn der Wille wird bloss von der Seele bestimmt[6]), er ist autonom. So liegt der Ursprung des Irrtums nicht in dem Vermögen, das mir Gott gegeben hat, sondern in meinem Handeln, d. h. in dem unrichtigen Gebrauch des Vermögens[7]). Dagegen lässt sich einwenden, dass uns Gott doch die beiden zum Erkennen nötigen Kräfte in dem Verhältnis gegeben hat, das so leicht zum Irren führt, dass also Gott immer indirect bei der Entstehung des Irrtums mitwirkt. Aber noch mehr: Descartes rühmt, wie wir gesehen haben, den determinierten Willen als den vollkommensten. Bei der Rechtfertigung Gottes dagegen preist er dessen Güte, dass er uns einen absolut freien Willen gegeben habe. Hätte er uns einen Willen gegeben, der immer nur dem klar und deutlich Erkannten zustimmte, so könnten wir nicht irren. Und schliesslich stammen ja alle Willenshandlungen nach Descartes nicht von der Seele selbst, sondern bei allem findet der concursus Dei statt[8]). Gott ist es, der bei allen Handlungen mitwirkt, der unseren Willen durch seine Präscienz

---

[1]) Med. IV. S. 29; I. S. 8.   [2]) Med. IV. S. 32.   [3]) ibid.
[4]) princ. ph. I, 6. de meth. III. S. 22. ep. I, 115. S. 370.
[5]) princ. ph. I, 37.   [6]) Med. IV. S. 32 f. pass. anim. I, 17.
[7]) Med. IV. S. 33.   [8]) Med. IV. S. 34.

3

zu dem Handeln in bestimmter Richtung determiniert[1]), ohne
dessen Vorherbestimmung nichts geschieht[2]). Wenn Descartes
trotzdem das Irren als einen Mangel auffassen will[3]), so ver-
kennt er, dass Wollen und Handeln immer etwas Reales ist.
An anderen Stellen sucht Descartes Gott auf andere
Weise zu rechtfertigen. Der Irrtum ist allerdings ein
Mangel, eine Unvollkommenheit. Aber eine materiale
Falschheit ist nicht in einer falschen Erkenntnis; das
Falsche daran ist nichts Positives[4]). So stammt auch nur
das, was wahr, positiv ist, von Gott[5]); das übrige ist nichts
und stammt vom Nichts[4]). Wenn Descartes hier die falschen
Sätze, die verworrenen Vorstellungen als quantitativ unvollkommen hinstellt, so verkennt er, dass die Falschheit meist
qualitativ ist. Nach der Theorie des Descartes brauchte
man eine falsche Vorstellung bloss zu ergänzen, um sie zu
einer wahren zu machen; während doch in Wahrheit der
Charakter der falschen Vorstellung und des falschen Urteils
darin besteht, dass einige Elemente, die eigentlich darin enthalten sein müssten, fehlen, andere hingegen darin enthalten
sind, die nicht dazu gehören, während ausserdem Elemente
falsch bezogen werden. Daher ist zur Berichtigung der
Falschheit nicht nur eine Ergänzung nötig, sondern das
Wahre hebt das Falsche auf, das mit ihm in Widerspruch
steht. — Wie nun nach Descartes ein falsches Urteil am
Sein und am Nichts teil hat, so auch der Mensch. Der
Mensch nimmt in der Natur eine Mittelstellung ein zwischen
Gott und dem Nichts[6]). Er ist nicht das Vorzüglichste und
Vollkommenste[7]). So ist auch unser Erkenntnisvermögen
beschränkt[8]). Diese Unvollkommenheit können wir aber
Gott nicht zum Vorwurfe machen. Sie ist auf uns bezogen

[1]) ep. I, 10. S. 28.   [2]) princ. ph. I, 40.   [3]) Med. IV. S. 34.
[4]) veritas consistit in esse, falsitas vero in non esse. ep. I, 119.
Med. III. S. 23; IV. S. 30, 34.   [5]) de meth. IV. S. 31. Med. VI. S. 47.
[6]) Med. IV. S. 29 u.   [7]) Med. IV. S. 34.   [8]) Med. IV. S. 30.

zwar eine privatio, im Bezug auf Gott aber nur eine
negatio[1]), d. h. eben, es ist nicht eine Unvollkommenheit in Gott, dass er uns ein beschränktes Erkenntnisvermögen gegeben hat. Es ist nicht so, dass wir eigentlich
vollkommen sein müssten, und dass er uns dessen nun be-
raubt hätte. Aber ein Mangel bleibt es trotzdem. Schliesslich liegt die Theodicee (wie bei Leibniz) darin, dass die
Welt im ganzen vollkommen ist; das, was für sich betrachtet,
unvollkommen erscheint, ist vollkommen, wenn man es im
Zusammenhang mit dem Universum betrachtet, von dem es
ein Teil ist.[2]) Damit glaubt Descartes seine Aufgabe gelöst
zu haben.

II.

Kommt man von Descartes zu Spinoza, so spürt man
bald, dass in dem System dieses Denkers ein andrer Geist
weht als in den philosophischen Betrachtungen jenes Mannes.
Die Gedanken eines Descartes bezeichneten den Anfang einer
neuen Entwicklung und waren darum entwicklungsfähig.
Spinoza hat bei der Consequenz und Einfachheit seines
Systems, die man ihm trotz mancher Unklarheiten und Er-
schleichungen im einzelnen nicht absprechen kann, keine
eigentliche Schule gebildet. Nichts ist für Spinoza charakte-
ristischer als die Anwendung der mathematischen Methode.
Wenige einfache Principien sind es, von denen er durch
eine lange Kette von Schlussfolgerungen zu der Mannigfaltigkeit der Erscheinungen kommen will. Zweierlei dient
ihm dazu, dieses Ziel zu erreichen: die Einfachheit erhält
er durch weitgehende Identificierungen[3]), die Mannigfaltigkeit

---

[1]) Med. IV. S. 31, 34. princ. ph. I, 31. ep. I, 81. S. 280.

[2]) Med. IV. S. 30, 34.

[3]) z. B. extensio und cogitatio Eth. II, 7 schol.; beatitudo und virtus
V, 42; voluntas und intellectus II, 49 cor.; decretum und determinatio
III, 2 schol.; cognitio boni et mali und laetitiae vel tristititae affectus IV, 8;

durch die Darstellung der Unterschiede als verschiedener Betrachtungsweisen. Treue Dienste leistet ihm hierbei jenes nie versagende Hilfsmittel scholastischer Spitzfindigkeit, das Wörtlein quatenus [1]). Diese Beobachtung, die man bei Spinoza fast auf jeder Seite bestätigt findet [2]), lässt daran zweifeln, wer mehr vom Geiste der Scholastik beeinflusst ist, ob Descartes [3]) oder Spinoza. Der Charakter der Einfachheit und des Systematischen ist es, der im allgemeinen Spinoza von Descartes unterscheidet. Sachlich lässt sich im einzelnen verfolgen, wie Spinoza aus der anfänglichen Abhängigkeit Descartes gegenüber zu einer immer grösser werdenden Selbständigkeit kommt, wie sich die Zustimmung, die vieles Richtige einfach übernimmt, in eine scharfe Kritik verwandelt, die fast nur das Falsche sieht [4]). So finden wir

virtus, agendi potentia und ratio IV, 52; ex virtute agere, ex ductu rationis agere, vivere, suum esse conservare, intelligere IV, 23 f.; realitas und perfectio II, def. 6; perfectio, intelligere und agere V, 40; esse und realitas I, 9; conatus in suo esse perseverare und actualis essentia III, 7; deus und substantia I, 11; deus und natura I, 29 schol. Dazu kommt, dass causa und ratio bei Sp. noch nicht geschieden werden. Vgl. auch cogit. metaph. II, 5: omnes distinctiones, quas inter Dei attributa (im Sinne des Desc., also Macht, Wille, Verstand, Einsicht etc.) facimus, non alias esse quam rationis, nec illa revera inter se distingui.

[1]) Bei den Scholastikern auch quoad in demselben Sinne.

[2]) Vgl. bes. Eth. II, 28; IV, 8, 14.

[3]) Eine arge Überschätzung der cartesianischen Philosophie ist es, wenn sie Grimm (a. a. O. S. 12 Anm.) „unabhängig von aller scholastischen Philosophie" nennt. So genial seine Conceptionen sind, von dem Geiste und der Terminologie der Wissenschaft seiner Zeit konnte sich Desc. nicht vollständig befreien.

[4]) Dies zeigt sich recht deutlich auch in der Naturphilosophie. ep. 6 (1661 od. 62) erklärt Sp. Salpeter und Feuer ähnlich wie Desc. Vgl. Sp. ep. 8: Cartesii de igne doctrinam supponere. ep. 6: hoc a Cartesio satis superque demonstratum. Zur Erklärung des Wassers im tract. de deo et hom. I, 2 vgl. Desc., Meteora I, 3; zur Definition von durum und fluidum Eth. II, ax. III nach prop. 13 vgl. Desc., princ. ph. II, 54. Noch 1665 verteidigt Sp. die Bewegungsgesetze des Desc. bis auf eines (ep. 15); 1676 dagegen schreibt er: non dubitavi

auch in der Erkenntnistheorie und in der Lehre vom Wahren und Falschen neben vielem Übereinstimmenden doch auch grosse Unterschiede. Diese lassen sich im allgemeinen auf zwei Identificierungen zurückführen, die auch sonst Spinoza principiell von Descartes trennen: Denken und Ausdehnung sind Attribute derselben Substanz und machen ihr Wesen aus, sie sind daher in Wahrheit ein- und dasselbe[1]); ebenso sind Wille und Verstand nicht verschiedene Seelenkräfte, die nur als Unterabteilungen zu demselben Gattungsbegriff, der cogitatio gehören, wie bei Descartes, sondern, wie zwischen volitio und idea kein Unterschied besteht, so auch nicht zwischen voluntas und intellectus[2]). Diese zweite Identificierung, die sich schon frühe[3]) bei Spinoza findet und durch die Gleichsetzung des göttlichen velle und cognoscere bei Descartes[4]) vorbereitet ist, bildet den Hauptanlass zur Kritik[5]) (denn sie macht die Erkenntnistheorie des Descartes und seine Erklärung der Entstehung des Irrtums unmöglich), während die Gleichheit von Denken und Ausdehnung von Spinoza zum Ausbau seines eigenen Systems fruchtbar gemacht wird.

---

olim affirmare, rerum naturalium principia Cartesiana inutilia esse, ne dicam absurda. ep. 70.   [1]) Eth. II, 7 mit dem schol.

[2]) Eth. I, 32 dem.; II, 49 cor. Über den schwankenden Gebrauch von voluntas, das an dieser Stelle Urteilskraft bedeutet, vgl. Camerer, Die Lehre Spinozas. Stuttgart. 1877. S. 113 f.

[3]) tract. de deo et hom. II, 16. Der Wille ist nur eine Vorstellung, dies und das zu wollen. Vgl. besonders die 2. Anm. des holländischen Manuscripts zu diesem Kapitel.

[4]) Desc. ep. I, 112; I, 115. S. 372. Ebenso Sp.: tract. theol.-pol. IV. S. 46. Dei voluntas et Dei intellectus unum et idem sunt. Vgl. auch Eth. I, 17 schol.

[5]) bes. ep. 2. Eth. II, 49 schol. Übrigens beruht die Kritik in II. 49 schol. zum Teil auf einer falschen Auffassung der cartesianischen Lehre. Desc. behauptet gar nicht, dass die facultas volendi grösser sei als die facultas sentiendi, sondern nur, dass die voluntas sich weiter erstreckt als der intellectus, d. h. als die klaren und deutlichen Ideen (vgl. S. 20 f.), was ja Sp. als richtig zugiebt.

Sie bildet die Grundlage seiner Erkenntnistheorie, ja
sie macht ein Erkennen überhaupt erst möglich (vgl. S. 2).
Aber so wichtig auch die Identität der Attribute als Grundlage des Erkennens ist, sie wird doch nicht von mass-
gebendem Einflusse für alle Teile seines Systems. Denken
und Ausdehnung sind gleichberechtigt, keines soll einen
Vorrang vor dem anderen haben, denn beide drücken das
Wesen der Substanz aus. Wenn nun Spinoza dennoch
hierin nicht consequent ist, wenn man vielmehr häufig einen
Primat der Ausdehnung, noch häufiger einen Primat des
Denkens bei ihm beobachten kann, so lassen sich diese
Schwankungen zurückführen auf ein mehr oder weniger
strenges Festhalten an der Identität der Attribute. Ja
diese selbst ist schon an sich eine Unmöglichkeit. Die Vorstellung, dass Denken und Ausdehnung etwas ganz verschiedenes seien, so dass jedes nur für sich begriffen werden
kann, und doch das Wesen derselben Substanz ausmachen[1],
ja ein- und dasselbe sind[2], ist unvollziehbar.[3] Noch grösser
wird die Schwierigkeit, wenn wir auch die übrigen Attribute
in Betracht ziehen, die zu der Substanz gehören. Jedes
Attribut kann nur durch sich begriffen werden; weil aber
nun die Vorstellungen der unendlichen Attribute alle in dem
Attribute des Denkens sind, so giebt es in diesem Attribute
eine unendliche Menge von von einander völlig unabhängigen
Reihen der Vorstellungen der Attribute[4]. So haben wir
eigentlich nicht einen Parallelismus oder eine Identität sämt-
licher Attribute, sondern einen Parallelismus des Denkens
mit den übrigen Attributen, also einen offenbaren Primat

---

[1]) Eth. I, 10 mit dem schol.   [2]) Eth. II, 7 schol.
[3]) Über die Entstehung dieses Widerspruchs aus einem logischen
Fehler in Eth. I, 5 vgl. Zimmermann, Über einige logische Fehler
der spinozistischen Ethik (Sitzungsberichte der philos.-histor. Classe der
kais. Akademie der Wissenschaften. 1850. S. 460 ff.).
[4]) ep. 68. vgl. tract. de deo et hom. append. II: Die unendlichen
Attribute haben ebenso wie die Ausdehnung eine Seele.

des Denkens. Das Widerspruchsvolle, das ausserdem in
das Attribut des Denkens durch diese unendlichen Parallelen
kommt, die völlig unabhängig und doch im Grunde identisch
sind, konnte Spinoza leicht übersehen, da er die uns un-
bekannten Attribute der Substanz bloss vorübergehend erwähnt. Aber zu diesem einen Widerspruche im Attribute
des Denkens kommt noch ein anderer. Von jeder Idee giebt
es im Attribute des Denkens auch eine Idee. Die Idee der
Idee ist nun auf dieselbe Weise mit der Idee vereinigt, wie
die Idee mit dem Object der Idee im Attribute der Ausdehnung[1]). Wir haben also gewissermassen drei Parallelen:
Ausdehnung, Denken, Denken des Denkens, und da es nun
von den Ideen der Ideen wieder Ideen giebt u. s. w., so
kann man dies ins Unendliche fortsetzen[2]). Da nun aber
das Denken des Denkens u. s. w. zum Denken gehört, so
kommen wir auch von dieser Betrachtung aus zu einem
unendlichen Parallelismus im Attribute des Denkens und so
zu einem Primat des Denkens. Nun ist ja allerdings die
Idee der Idee dasselbe wie die Idee[3]), weil nämlich Denken
und Ausdehnung ein- und dasselbe sind, aber die Forderung,
dass jedes Attribut durch sich begriffen werden soll, lässt
doch einen Unterschied bestehen.

Dies sind die allgemeinsten Voraussetzungen der Erkenntnistheorie Spinozas. Kommen wir nun speciell zum
Menschen, so finden wir von vornherein einen Widerspruch
gegen das Princip der Identität der Attribute in der Beschränkung des Menschen auf Denken und Ausdehnung.
Alle unendlichen Attribute sind ein- und dasselbe, weil sie
alle das Wesen der Substanz ausmachen, ebenso sind auch

---

[1]) Eth. II, 20 f.
[2]) Allerdings sind diese unendlichen Ideen der Ideen und Ideen
der Ideen der Ideen u. s. w. in der idea ideae zusammengefasst (so
Camerer, a. a. O. S. 56), aber die Einheit besteht doch eben bloss in
dem zusammenfassenden Worte; sachlich ist sie nicht vorhanden.
(Eth. II, 21 schol. Schluss.)   [3]) Eth. II, 21 schol.

die modi dasselbe, der modus extensionis ist nichts anderes als die idea dieses modus, d. h. als der entsprechende modus cogitationis und ebenso bei den anderen Attributen[1]. Daher müsste eigentlich jedes Ding alle Attribute umfassen; nicht nur der Mensch, sondern jedes einzelne Sein müsste an allen Attributen teilhaben und zugleich ein Wissen von allen Attributen haben; denn mit den anderen Attributen sind doch die entsprechenden Ideen ebenso vereint wie mit dem Attribut der Ausdehnung[2].

Wir sehen also, dass die Beschränkung der menschlichen Erkenntnis auf Denken und Ausdehnung einen Widerspruch gegen die Voraussetzungen Spinozas involviert, ein Beweis entweder gegen die Unendlichkeit der Attribute oder gegen ihre Identität. Wie kommt nun Spinoza überhaupt zur Möglichkeit einer Erkenntnis, da doch Denken und Ausdehnung etwas ganz Verschiedenes sind? Das Grundgesetz seiner Erkenntnistheorie ist der Satz: *ordo et connexio idearum idem est ac ordo et connexio rerum*[3]. Diese wichtige Proposition ist aber nicht genügend bewiesen. Spinoza stützt seine Behauptung auf das 4. Axiom des 1. Teils: effectus cognitio a cognitione causae dependet et eam involvit. Aber mit diesem Zusammenhang der Erkenntnis von Ursache und Wirkung kommen wir nicht über das Attribut des Denkens hinaus[4]. Dies Axiom sagt gar

---

[1] Eth. II, 7 schol.

[2] Somit ist der Lehrsatz: quo plus realitatis aut esse unaquaeque res habet, eo plura attributa ipsi competunt (I, 9) hinfällig. Nicht dieser qualitative Unterschied giebt den Einzeldingen mehr Realität, sondern der quantitative: Je mehr modi der Ausdehnung, des Denkens u. s. w. ein Ding umfasst, desto realer ist es. Vgl. Eth. II, 13 schol.: ideas inter se ut ipsa obiecta differre, unamquemque 'alia praestantiorem esse, plusque realitatis continere, prout obiectum unius obiecto alterius praestantius est, plusque realitatis continet. schol. zu lemma VII: Das realste. vollkommenste, d. h. am meisten afficierbare Individuum ist die ganze Natur, weil sie die unendlichen verschiedenen modi umfasst.

[3] Eth. II, 7.   [4] Sp. sagt dies selbst ep. 79.

nichts darüber, ob nun der Zusammenhang in der Erkenntnis ein Correlat in dem Attribut der Ausdehnung hat. So, wie die Proposition jetzt dasteht, ist sie nichts anderes als ein Postulat, um die Erkenntnis zu ermöglichen. (Die Proposition selbst ist die Voraussetzung für den Hauptsatz ihres Beweises; denn wenn es überhaupt keine Erkenntnis gäbe, so wäre das Axiom des Beweises hinfällig.) Einen Beweis dafür, ob Denken und Ausdehnung übereinstimmt, habe ich nicht, da ich ja nie über mein Denken hinauskommen kann. Besser als mit dem erwähnten Axiom hätte Spinoza seinen Lehrsatz mit der Definition des Attributes beweisen können. Weil jedes Attribut das constituens essentiam substantiae ist, kann es von einem anderen nicht wesentlich verschieden sein. Und da die Attribute identisch sind, so sind es auch ihre modi und die Ordnung und Verknüpfung derselben.

Spinoza geht bei der Betrachtung der menschlichen Erkenntnis von dem Parallelismus von Denken und Ausdehnung aus. Der Mensch besteht aus mens und corpus[1]. Der menschliche Körper ist zusammengesetzt aus vielen Individuen[2], und ebenso besteht der menschliche Geist aus vielen einzelnen Ideen[3]. Denn der menschliche Geist ist nichts anderes als die Idee eines wirklich existierenden Einzeldings, eben des menschlichen Körpers[4]. Alles nun, was im Object des menschlichen Geistes, eben im Körper vorgeht, muss vom Geist erfasst werden[5]. Kann der Körper daher

---

[1] Eth. II, 13 cor.   [2] postul. I nach II, 13.   [3] II, 15.
[4] Eth. II, 11, 13. mens und corpus sind modi, durch die die Attribute Gottes certo et determinato modo ausgedrückt werden (I, 25): Der Geist drückt Gott aus, sofern er Denken ist, der Körper dagegen, sofern er Ausdehnung ist. Da beides wesentlich identisch ist, so ist auch der modus des Denkens und der der Ausdehnung, der den Menschen ausmacht, wesentlich derselbe. Eth. II, 7 schol. Dieselbe Auffassung der Seele als Idee des Körpers schon im tract. de deo et hom. II, Vorrede, in der Anm. des holländ. Man. Nr. 6 und 9 und II, 20, Anm. des holländ. Man., ferner z. B. ep. 66.   [5] Eth. II, 12.

auf sehr verschiedene Arten erregt werden, weil er aus sehr verschiedenartigen Individuen zusammengesetzt ist, so ist dann auch der Geist sehr befähigt; je befähigter der Körper ist, desto befähigter ist der Geist[1]). Hier hält Spinoza scheinbar an der gleichen Berechtigung von Körper und Geist nicht fest. Die körperlichen Vorgänge werden als das Primäre aufgefasst, unter dessen Einfluss das Psychische erst entsteht. Doch scheint mir der Fehler mehr im Ausdruck[2]) und in einer Anpassung an die herkömmliche Anschauung zu liegen. Principiell betont Spinoza stets die völlige Unabhängigkeit beider Attribute. Eine gegenseitige Einwirkung von Körper und Geist ist ganz ausgeschlossen[3]), die Ideen entstehen nur durch Ideen; nicht die Wahrnehmung ist die Ursache der Ideen der einzelnen Dinge, sondern sie stammen nur aus dem Attribut des Denkens[4]).

Der menschliche Geist umfasst also nichts weiter als den menschlichen Körper[5]), und zwar nicht so, wie er an sich ist, sondern nur seine Erregungen[6]). Diese sind aber bedingt durch die Natur des afficierenden und die des afficierten Körpers[7]). Also entsteht durch die Perception dieser Erregungen im menschlichen Geiste weder eine klare Erkenntnis der erregenden Körper, d. h. der äusseren Dinge, noch des menschlichen Körpers selbst, wie er an sich ist[8]). Weil im Attribute der Ausdehnung die Körpererregungen teil haben am menschlichen Körper und an den äusseren

---

[1]) Eth. II, 13 schol., 14; III, 11. Daher ist nützlich das, was den Körper zu sehr vielseitiger Erregbarkeit disponiert IV, 38, daher auch die Mahnung, die Dinge zu geniessen. IV, 45 schol. II.

[2]) Charakteristisch sind dafür die Ausdrücke percipere und obiectum II, 12 ff., ordo et connexio causarum II, 9 dem., 19 dem., 20 dem.; Auch bei der physiologischen Erklärung der Einbildungskraft und des Gedächtnisses II, 17 cor., 18; de int. emend. S. 160 erscheint der körperliche Vorgang als das Primäre. Vgl. dagegen Eth. II., def. III explic.

[3]) Eth. III, 2.   [4]) II, 5 f.   [5]) ep. 15.   [6]) Eth. II, 19.
[7]) ax. I. nach cor. zu lemma III (vor Eth. II, 14).
[8]) Eth. II, 16, 24 ff.

Körpern, so ist auch die Idee dieser Körpererregungen
in Gott nicht, sofern er nur den menschlichen Geist ausmacht, oder, was dasselbe sagt, sofern er als vom
menschlichen Geist erregt betrachtet wird, sondern sofern
er den menschlichen Geist und die Idee der erregenden
Körper umfasst, d. h. der menschliche Geist erkennt weder
seinen eigenen Körper, noch die Aussenwelt klar und
deutlich, sondern nur verworren[1]). Nach dem charak-
teristischen Merkmal dieser Erkenntnis, die die äusseren
Körper wie Bilder (imagines) in uns erscheinen lässt, nennt
Spinoza diese sinnliche Vorstellungsweise imaginatio[2]).
Sie bietet keine adäquate Erkenntnis, sondern bloss inadäquate und verworrene[3]). Aus ihr entstanden und mit
ihr verbunden sind verschiedene Anschauungsweisen, so
die der Zeit, des Zwecks, des Zufalls, die gewöhnlichen
Naturerklärungen, die termini transcendentales, notiones
universales u. s. w.[4]). Ihre Mangelhaftigkeit und Beschränkt-
heit zeigt sich auch darin, dass sie sich Zeitliches und
Räumliches bloss bis zu gewissen Grenzen vorstellen kann[5]).
    Wie ist nun die Falschheit dieser Vorstellungen zu
erklären? Etwas Positives kann sie nicht sein; denn sonst
müsste sie in Gott sein[6]). In Gott aber sind alle Ideen
adäquat (denn er umfasst ja nicht nur den menschlichen
Geist, sondern alle Ideen, also auch die der erregenden
Körper[7])) und wahr (weil seine Macht zu denken seiner
Macht zu handeln gleich ist[8])). Ebenso sind die Ideen, die
in uns absolut enthalten sind, oder was dasselbe sagt, die
in Gott enthalten sind, sofern er nur den menschlichen Geist
ausmacht, wahr[9]). Damit ist der Irrtum erklärt: Er besteht in einem Mangel an Erkenntnis[10]).

---

[1]) Eth. II, 11 cor., 28.　　[2]) II, 17 schol.　　　[3]) II, 26 cor.
[4]) I, 33 schol. I.; I append.; II, 40 schol. I; ep. 29.
[5]) Eth. IV, def. 6　(die praktische Folgerung wird IV, 10 schol.
gezogen).
[6]) II, 33.　　[7]) II, 30 dem.　　[8]) II, 32.　　[9]) II, 34.　　[10]) II. 35.

Spinoza kommt also von anderen Voraussetzungen aus
zu demselben Resultat wie Descartes. Aber da seine Ableitung nicht consequent ist, so steht das Resultat im Widerspruch mit seinen Principien. Die Identität der Attribute
macht den Irrtum unmöglich; denn alles Denken stimmt
dann mit der Ausdehnung überein. Diese Consequenz zieht
Spinoza, indem er alle Ideen wahr nennt, sofern sie auf
Gott bezogen werden. Aber wenn er die Identität bloss
auf Gott beziehen will[1]), so setzt er sich in Widerspruch
mit der Behauptung[2]), dass auch die modi der verschiedenen
Attribute übereinstimmen. Hält man sich streng an diesen
Satz, so ist alles Gedachte wahr; denn es stimmt mit dem
Object überein.

Der Fehler liegt bei Spinoza in der pantheistischen
Auffassung der menschlichen Erkenntnis. Die Vorgänge im Menschen werden nicht als Vorgänge in einem Individuum betrachtet, sondern in ihrem Zusammenhang mit
der Natur, als Körpererregungen und als Ideen in Gott[3]).
Darum lässt Spinoza die Ideen falsch sein, die in Gott sind,
sofern er unseren Geist und die Ideen äusserer Körper umfasst. Aber die Idee der Körpererregung ist doch in Gott nur,
sofern er den menschlichen Geist umfasst[4]). Der körperliche
Vorgang, den die Idee widerspiegelt, ist zwar hervorgerufen
und beeinflusst durch den äusseren Körper, aber damit ist
doch noch nicht ein Teilhaben des äusseren Körpers an der
Körpererregung in dem Sinne gegeben, dass in der Idee der
Körpererregung die Idee des afficierenden und die des afficierten
Körpers enthalten sei. Hätten die äusseren Körper in diesem
Sinne an der Körperaffection teil, so wäre ja damit auch
eine Veränderung ihrer selbst gegeben. Dies widerspricht
aber vollständig den Thatsachen der Erfahrung; denn mein

---

[1]) Eth. II, 32 demonstr.   [2]) Eth. II, 7 schol.
[3]) Das Individuelle kommt erst in der eigentlichen Ethik zur
Geltung; mit III. 6 wird der Standpunkt geändert.
[4]) Eth. II, 9 cor. Vgl. schon cogitat. met II, 7.

Sehen verändert den gesehenen Gegenstand nicht. Spinoza fragt bei jeder Erkenntnis: Welche Ideen haben daran teil?, statt die Übereinstimmung der Erkenntnis mit den Dingen zu betonen. Freilich erkenne ich den menschlichen Körper nicht durch die Erregungen so, wie er an sich ist, ohne die Erregungen; aber ich erkenne ihn doch so, wie er ist, nämlich afficiert durch andere Körper. Und diese Erkenntnis ist nach Spinozas Voraussetzungen wahr; unvollkommen, inadäquat, falsch ist sie bloss, wenn sie auf die Allgemeinheit, auf Gott bezogen wird. Denn dann erkennt man, dass sie nicht vollkommen ist, weil der Mensch eben doch bloss ein Teil der Natur ist. So kann man den Satz des Spinoza: Alle Ideen sind, sofern sie auf Gott bezogen werden, wahr[1]). gerade umkehren.

Aus diesem Umstand, dass Spinoza die Ideen unter einem gewissen Gesichtspunkt alle wahr nennt, ersieht man zugleich, wie er auch den Unterschied von Wahr und Falsch, ähnlich wie den von Gut und Böse[2]), auf eine blosse Anschauungsform zurückführt[3]). Es giebt eigentlich keinen Irrtum, da ja alles in Gott ist[4]), und in Gott ist alles wahr, ausser Gott giebt es nichts. Oder auch: Auf Gott bezogen ist alles wahr, alles kann auf Gott bezogen werden[5]); also ist alles wahr. In Gott kann kein Irrtum sein, da es ja in Gott keine Verneinung giebt[6]).

---

[1]) Eth. II, 32. Allerdings heisst referre bei Sp. wohl etwas anderes: Alle Ideen sind, weil sie in Gott sind, wirklich; denn Gott umfasst ja alle Ideen. Eth. I, 15.

[2]) Eth. I, app.; ep. 32, 36, 58; tract. de deo et hom. I, 6, 10; cogit. metaph. II, 7; tract. pol. II, 8; de int. emend. S. 138.

[3]) Dies wird auch von Sp. direct ausgesprochen: humana mens res sub' ratione veri et falsi percipit. tract. theol.-pol. IV. verum et falsum non nisi rerum denominationes extrinsecas esse, neque rebus tribui nisi rhetorice. cogit. met. I, 6. privatio (die ja das Wesen des Irrtums ausmacht) est ens rationis tantum vel modus cogitandi, quem formamus, cum res invicem comparamus. ep. 34.

[4]) Eth. I, 15.   [5]) V, 14.   [6]) I, def. 6. explic.

Mit der pantheistischen Auffassung der Erkenntnis, die den menschlichen Geist nur wie einen beliebigen Ausschnitt aus dem unendlichen Verstande Gottes hinstellt[1]), hängt die Terminologie Spinozas eng zusammen, die sich von der des Descartes wesentlich unterscheidet. Die Ausdrücke klar und deutlich und verworren, wahr und falsch werden nur selten angewendet, an ihre Stelle tritt adäquat und inadäquat. Eine wahre Idee ist eine solche, die mit ihrem Gegenstand übereinstimmt[2]). Trotzdem ist idea und ideatum etwas Verschiedenes[3]); so kommt es, dass die Idee wieder zum Object einer anderen Idee werden kann. Die adäquate Idee definiert Spinoza als eine solche, quae quatenus in se sine relatione ad objectum consideratur, omnes verae ideae proprietates sive denominationes intrinsecas habet[4]). Adäquat und wahr bezeichnet also im wesentlichen dasselbe; der Unterschied besteht nur darin, dass man bei wahr mehr an die Übereinstimmung der Idee mit ihrem Gegenstande denkt, bei adäquat dagegen die Idee an sich betrachtet[5]), d. h. die Idee im Attribute des Denkens, ohne Rücksicht auf ihr Object im Attribut der Ausdehnung. Das Wort „adäquat und inadäquat" schliesst sich ausserdem enger an die pantheistische Betrachtungsweise der spinozischen Erkenntnistheorie an, die immer fragt, ob eine Idee absolut oder vollkommen im menschlichen Geiste enthalten ist, oder ob auch andere Geister daran teilhaben, so dass der Mensch bloss inadäquat, unvollkommen erkennt[6]). Sachlich fällt natürlich wahr, adäquat, klar und deutlich, vollkommen, absolut und andrerseits inadäquat, verworren, unvollkommen, verstümmelt zusammen[7]).

---

[1]) Eth. II, 11 cor.; IV, 2. ep. 15. tract. de deo et hom. II, 20, Anm. No. 9 und sonst.　　　　[2]) Eth. I, ax. 6.

[3]) de int. emend. S. 143 f.　　[4]) Eth. II, def. 4.　　　[5]) ep. 64.

[6]) vgl. dazu II, 11 cor.: ex parte sive inadaequate. II, 34: absoluta idea sive adaequata et perfecta.

[7]) idea vera in nobis est illa, quae in deo, quatenus per naturam

Aber trotz der sachlichen Übereinstimmung giebt sich in der Anwendung der verschiedenen Bezeichnungen eine verschiedene Auffassung kund; dies zeigt sich besonders bei der Erklärung des Irrtums als Mangel. Hier kann man bei Spinoza deutlich eine metaphysische und eine psychologische Auffassung unterscheiden. Jene betrachtet mehr die Entstehung des Irrtums und sucht sie zu erklären. Wir sind bloss ein Teil der denkenden Substanz, daher sind viele Ideen in uns nur unvollkommen enthalten[1]). Die Falschheit besteht also darin, dass ein Teil der Idee in unserer Erkenntnis fehlt, der Irrtum ist ein absoluter Mangel[2]). Die psychologische Erklärung des Irrtums kommt den Thatsachen näher. Die Falschheit besteht darnach auch in einem Mangel, aber nicht so, dass an der Idee als solcher ein Teil absolut fehlte[3]), sondern es fehlt die corrigierende Erkenntnis[4]), die zu der Idee als solcher gar nicht gehört. Die Erkenntnis der imaginatio ist nicht an sich falsch, im Gegenteil, unser Körper existiert so, wie wir ihn empfinden[5]), und er fasst die Dinge so auf, wie sie uns die imaginatio

---

mentis humanae explicatur, est adaequata. Eth. II, 43 dem. adaequate sive clare et distincte: II, 13 schol., 36, 38 cor., 43 schol.; III, def. 1, 2; IV, 52 dem. clara et distincta, hoc est vera idea I, 8 schol. II. inadaequatae sive mutilatae sive confusae II, 35, 36; III, affect. gen. def. explic. Ähnl. ep. 4, 58 (aus der klaren Vorstellung der Gespenster würde ihr Sein folgen), de int. emend. S. 153, 154, 155 (clara et distincta et per consequens vera; noch ganz cartesianisch). tract. de deo et hom. I, 1.

[1]) Eth. II, 11 cor. de int. emend. S. 157. tract. de deo et hom. II, 20, Anm. No. 9 u. a.

[2]) Daher Eth. II, 43 schol.: ideam veram ad falsam se habere ut ens ad non ens.

[3]) Diese Erklärung, die eben aus seinem System folgt, weist er Eth. II, 35 mit einem Sprichwort zurück, ein Zeichen dafür, wie ungenügend sein Beweis zu diesem Lehrsatz ist.

[4]) II, 17 schol., 35 schol.

[5]) II, 13 cor.

zeigt, aber wir erkennen die Dinge entweder nur verworren [1]) oder nur verstümmelt. Wollen wir daher ein Urteil über die thatsächliche Beschaffenheit fällen, so können wir uns dabei nicht auf die imaginatio verlassen. Aber auch dann, wenn wir die Dinge richtig erkannt haben, empfinden wir sie noch genau so wie zuerst [2]); die corrigierende Erkenntnis ändert nichts an der Thatsächlichkeit der imaginatio [3]). Zu dieser Erklärung des Irrtums, die sich allerdings bloss auf die sinnliche Erkenntnis bezieht, passt auch das Beispiel von der Sonne, die wir uns nicht weiter als zweihundert Fuss vorstellen [4]); dagegen ist es nicht geeignet, die metaphysische Erklärung als absoluten Mangel zu illustrieren, da an der Idee als solcher nichts fehlt.

Wie kommen wir aber zu der Erkenntnis, dass unsere imaginatio nicht zuverlässig ist? Wie soll der Geist dazu kommen, die Ideen, die er hat, mit anderen zu vergleichen, von denen er gar keine Kenntnis haben kann, und daraus dann die inadäquate Natur seiner Ideen erkennen? Was soll den Geist, der bloss die Vorstellung seines Körpers ist, und nichts weiter als Körpererregungen kennt, bewegen, in den Ideen dieser Körpererregungen die Idee seines Körpers von denen der äusseren abstrahierend zu trennen, zumal da

---

[1]) Darin liegt besonders die Anerkennung einer materialen Falschheit, nicht nur eines quantitativen Mangels; vgl. de int. emend. S. 153: (mens) ad multa, quae continetur in unaquaque re, simul attendit sine ulla distinctione.   [2]) Eth. II, 35 schol.; IV, 1 schol.

[3]) Aber doch an dem Urteil, das wir auf Grund der imaginatio gefällt haben.

[4]) II, 35 schol.; IV, 1 schol. Besser als das Beispiel der Sonne wäre das des Sternenhimmels. Wir stellen uns die Sterne gleichweit von der Erde vor, gewissermassen auf einer Halbkugel, obwohl wir genau wissen, wie verschieden ihre Entfernungen sind. Noch deutlicher wird dies an den Sinnesempfindungen: die Erkenntnis, dass die Farben der Dinge bloss auf der durch die Beschaffenheit der Oberfläche bedingten verschiedenartigen Reflexion des Lichts beruhen, ändert nichts an unsrer Farbenempfindung.

die Idee der Körpererregung vollständig mit dieser übereinstimmt? Dieses abstrahierende Denken wäre ausserdem eine Inconsequenz gegen den Parallelismus. Im Attribut der Ausdehnung haben an der Körperaffection der erregende und der erregte Körper teil, beide sind in ihr eng verbunden; wird nun im Attribut des Denkens beides getrennt, obwohl es erst von demselben Denken als eng verbunden percipiert worden ist, so ist damit die Identität aufgegeben. Diese Inconsequenz muss Spinoza begehen, weil er, im Widerspruch mit seinen Principien, die Vorstellung, die der Geist vom Körper hat, und die allein sein eigentliches Wesen ausmacht, als falsch bezeichnet hat. Wie kommt man nun zur Wahrheit und zur Erkenntnis der unzähligen Dinge, die man nicht durch bildliches Vorstellen erfassen kann[1])? Wie kommt der Geist vom blossen imaginari zum wahren intelligere[2])?

Um dies zu ermöglichen, stellt Spinoza der imaginatio die intellectio gegenüber. Diese Unterscheidung zeigt sich überall: imaginatio und intellectio sind streng zu trennen, die Gesetze beider sind ganz verschieden[3]). So giebt es eine doppelte perceptio, eine externa ex communi ordine naturae und eine interna[4]), und eine doppelte concatenatio idearum, eine, die der concatenatio affectionum corporis humani entspricht, und eine andere secundum ordinem intellectus, quo res per primas suas causas mens percipit[5]). So ist scharf zu

---

[1]) ep. 29. Eth. I, app.: infinita reperiuntur, quae nostram imaginationem longe superant. tract. pol. II, 8.

[2]) tract. theol.-pol. IV. S. 48: tum res intelligitur, cum ipsa pura mente extra verba et imagines percipitur.

[3]) de int. emend. S. 161. ep. 42. Daher giebt es auch zwischen beiden keinerlei Verbindung. Eth. V, 28 dem. de int. emend. S. 165. Es ist der Gegensatz von endlich und unendlich. ep. 58.

[4]) Eth. II, 29 schol. de int. emend. S. 165.

[5]) Eth. II, 18 schol. Die Consequenzen für die Affectenlehre zieht Sp. daraus V, 10, 20 schol.

trennen zwischen den imagines in fundo oculi et in medio cerebro und den ideae, d. h. den cogitationis conceptus[1]). Der Intellect ist umfassender als die imaginatio, vieles kann nicht durch bildliches Vorstellen, sondern nur durch den Intellect erfasst werden[2]); ·denn die imaginatio erfasst bloss die modi, der Intellect dagegen sieht in den Dingen das Wesen, die Substanz, er fasst die Dinge nach ihren Ursachen auf[3]). Die imaginatio ist bei allen verschieden[4]), der Intellect ist bei allen derselbe[5]), daher sind gewisse Ideen allen gemeinsam, manche Dinge erkennen alle in gleicher Weise[6]). Wenn trotzdem diese Art der Erkenntnis sehr selten ist, so kommt das teils von der Schwierigkeit des intellectuellen Erfassens[7]), teils davon, dass die Menschen sich mehr durch ihre Meinung, durch ihre imaginatio leiten lassen[8]), teils liegt der Unterschied ihrer Ansichten bloss in den Worten. während sie in den Gedanken übereinstimmen[9]).

---

[1]) Eth. II, 48 schol. Diese Stelle scheint darauf hinzuweisen, dass Sp. nicht einmal einen physiologischen Vorgang im Gehirn als Parallele in der Ausdehnung dem psychologischen des abstracten Denkens gegenüberstellen will. Ebenso Desc. Vgl. S. 13 u.   [2]) ep. 29.

[3]) Eth. II, 18 schol. ep. 29: quantitas duobus modis a nobis concipitur: abstracte scilicet sive superficialiter, prout ope sensuum eam in imaginatione habemus, vel ut substantia, quod non nisi a solo intellectu fit. Eth. I, 15 schol.: si itaque ad quantitatem attendimus, prout in imaginatione est, reperietur finita, divisibilis et ex partibus conflata; si autem ad ipsam, prout in intellectu est, attendimus, et eam quatenus substantia est, concipimus, tum infinita, unica et indivisibilis reperietur. Daher auch ep. 60: Deum non imaginari, sed quidem intelligere possumus.

[4]) Eth. II, 18 schol., 48 schol.

[5]) Eth. II, 18 schol.: intellectus in omnibus hominibus idem est. tract. theol.-pol. I. S. 1: cognitio naturalis omnibus hominibus communis est. Ähnl. tract. pol. VII, 27.   [6]) Eth. II, 38 cor., 47 schol.

[7]) Eth. I, 15 schol.: si autem ad ipsam, prout in intellectu est, attendimus . . ., quod difficillime fit . . .

[8]) Eth. I, app.: homines res potius imaginari quam intelligere. Ebenso Eth. IV, 17 schol. tract. theol.-pol. VI. S. 75.

[9]) Eth. II, 47 schol. de int. emend. S. 161/62.

Während also die imaginatio nur eine unzureichende Erkenntnis liefert, ist alles mit dem Intellect Erkannte wahr[1]): Die imaginatio ist die einzige Ursache der Falschheit, der Intellect dagegen täuscht sich nie. Die Frage ist nun, wie wir das nur durch die imaginatio und das durch den Intellect Erkannte unterscheiden, woher wir wissen, dass jenes wahr ist und dieses falsch. Die Antwort, die Spinoza darauf giebt, ist so einfach wie möglich: das Falsche schliesst keine Gewissheit ein[2]), das Wahre dagegen ist index sui et falsi[3]), wer eine wahre Idee hat, der weiss es zugleich und kann nicht an der Wahrheit der Sache zweifeln[4]). Die Erkenntnis des Wahren ist also zwingend und das Wahrheitskriterium ist die Wahrheit selbst. Dabei fällt die intellectuelle Erkenntnis ganz unter den Begriff Wahrheit, nur dass es in der intellectuellen Erkenntnis zwei Stufen von Wahrheit giebt. Die erste, die ratio oder cognitio secundi generis (im Gegensatz zur imaginatio oder cognitio primi generis) erkennt die Eigenschaften der Dinge durch logisches Schliessen, die zweite, die scientia intuitiva oder cognitio tertii generis, erfasst das Wesen der Dinge unmittelbar[5]). Sie hat etwas

---

[1]) Eth. II, 41. I, app. (claram rationem infallibilem esse.) I, 31 schol. tract. theol.-pol. praef. S. VII., c. I. S. 2, II. S. 16, VII. S. 80, XV. S. 165 (quis nisi desperatus et insanus rationis certitudinem negare vellet?), S. 166. ep. 21. de int. emend. S. 142, 167. tract. de deo et hom. II, 1.

[2]) Eth. II, 49 schol.: per certitudinis privationem falsitatem intelligimus. tract. theol.-pol. II. S. 15: simplex imaginatio non involvit ex sua natura certitudinem.

[3]) Eth. II, 42, 43 schol.; ep. 74; de int. emend. S. 144 f. tract. de deo et hom. II, 15.

[4]) Eth. II, 43. cogit. met. I, 6. ep. 32: impossibile ipsam veritatem semel perceptam non amplecti. ep. 60: id, cui potest contradici, non vero, sed falso simile est.

[5]) Eth. II, 40 schol. Diese Einteilung der Erkenntnisquellen in drei Arten findet sich schon im tract. de deo et hom. II, 1 f. und de int. emend. S. 139 f. Die geringen Unterschiede im Ausdruck oder in der Einteilung kommen hier nicht in Betracht; das allen dreien ge-

Mystisches an sich, so dass man sich schwer eine Vorstellung von ihr machen kann. Wie es scheint, soll sie sich auf der ersten Stufe, auf der durch logisches Schliessen erlangten intellectuellen Erkenntnis aufbauen[1]), zum mindesten setzt sie diese voraus. Das Beispiel von dem Zahlenverhältnis, das Spinoza zur Erklärung beifügt, würde als Unterschied ergeben, dass die dritte Erkenntnisgattung nicht mehr wie die zweite, eine Überlegung nötig hat, sondern ohne weiteres das Verhältnis erkennt, sei es, weil es sehr einfach ist, sei es, weil der Geist, durch lange Übung gewöhnt, das Schlussverfahren nun mechanisch, ohne Bewusstsein anwendet. Das Gemeinsame beider Erkenntnisarten ist, dass der Geist bei beiden adäquate Ideen hat, und darauf beruht auch das Wahrheitskriterium Spinozas, das, wie schon erwähnt, in der Wahrheit selbst besteht. In seinem Beweise geht er davon aus[2]), dass eine wahre Idee in uns eine solche ist, die in Gott adäquat ist, sofern er den menschlichen Geist ausmacht. Darum müssen wir auch ein Wissen von der Wahrheit haben, die wir besitzen; denn dieses Wissen, d. h. die Idee der Idee, ist ja in Gott, sofern er die Natur des menschlichen Geistes ausdrückt. Man erkennt leicht, dass dieser Beweis auf der universalistischen Auffassung des menschlichen Geistes als eines Teiles des unendlichen Verstandes Gottes beruht (vgl. S. 36 f.). Jede Idee in uns ist aber adäquat und wahr, weil sie die Körpererregung, deren Correlat im Denken sie ist, ganz widerspiegelt, und sie ist inadäquat insofern, als sie nur einen Teil der Natur wiedergiebt. Wir haben nicht bloss von den adäquaten Ideen, sondern auch von denen, die Spinoza inadäquat nennt, ein Bewusstsein. Dies ist eine zweite Inconsequenz im Beweise Spinozas. Denn wenn auch

meinsame Beispiel von dem Verhältnis der drei Zahlen weist schon auf die Gleichartigkeit der Anschauung hin.
[1]) Eth. II, 47 schol.; V, 28.   [2]) II, 43 dem.

eine Idee inadäquat, bloss zum Teil in uns wäre, so
wäre dieser Teil doch eine Idee für sich, da ja alle Ideen
wieder aus anderen Ideen zusammengesetzt sind[1]); und weil
dieser Teil der Idee als selbständige Idee ganz in uns ist,
ist er adäquat, und von ihm als Idee giebt es wieder eine
Idee, d. h. ein Wissen von der Idee[2]). Somit sind alle
Ideen, sofern sie im menschlichen Geist als einem selb-
ständigen Teil der Natur sind, adäquat und daher bewusst,
d. h. praktisch: Der Mensch hält sein Denken für das
richtige.

Das Wahrheitskriterium Spinozas ist das einfachste, das
sich denken lässt, aber praktisch gänzlich unverwertbar[3]).
Eine solche Verwendung desselben als Erkenntnisregel, wie
sie sich bei Descartes findet, beabsichtigt er gar nicht und
kann er nicht beabsichtigen. Denn wir haben keinen Willen,
eine Idee zu bejahen oder zu verneinen[4]), wie Descartes
meinte: die Ideen folgen vielmehr notwendig, mögen sie adäquat oder inadäquat sein[5]), nicht der menschliche Geist

---

¹) Das geht aus der atomistischen Körperlehre im 2. Teil der
Ethik hervor. II, 15 wird es ausgesprochen.

²) Dass alle Ideen bewusst sind, sagt Sp. selbst Eth. II, 21 schol.;
III, 9 dem. Er scheint es zu leugnen V, 39 schol.

³) Im tract. de int. emend. sagt er, dass in uns eine angeborene
Vorstellung von einer wahren Idee sein müsse, die uns dann als Richt-
schnur zur Beurteilung anderer Ideen dienen könne. Vgl. a. a. O. S. 145:
debet ante omnia in nobis existere vera idea tanquam innatum instru-
mentum, qua intellecta intelligatur simul differentia, quae est inter talem
perceptionem et ceteras omnes. Aber wozu und wie soll ich erst vergleichen, wenn jede wahre Idee selbst ihre Wahrheit offenbart? In der
Ethik selbst ist Sp. consequenter.

⁴) Eth. II, 49 schol. ep. 2. Daher ist Sp. geneigt, das Irren als
menschliche Schwäche zu entschuldigen: tract. theol.-pol. praef., S. XII,
c. X. S. 128, XX. S. 222. ep. 9, S. 30. ep. 25. tract. pol. II, 6, 8, 12.

⁵) Eth. II, 36. Trotz dieser Notwendigkeit, die auch jeden Willen
zum Nachdenken ausschliessen würde, weist er oft auf ein solches Auf-
merken, Appercipieren hin (vgl. Desc. S. 16), so z. B. Eth. I, 8 schol. II,
11 schol., 15 schol., 16 dem., 24 cor.; II, 49 schol.; IV, 20 schol.;

bejaht, sondern die Idee selbst schliesst Bejahung und Verneinung in sich[1]). Wenn er trotzdem das inadäquate Erkennen als eine passio dem adäquaten als einer actio gegenüberstellt[2]), so ist das nicht so zu erklären, dass das adäquate Erkennen als solches eine Handlung und die erkannte
Wahrheit der Erfolg unseres Strebens wäre, sondern das
adäquate Erkennen schliesst als solches eine Handlung ein,
hat eine Handlung zur Folge. Adäquat erkennen ist dasselbe wie adäquate Ursache sein[3]). Der letzte Grund dafür ist die Übereinstimmung der Macht Gottes zu denken
mit seiner Macht zu handeln[4]), oder die Notwendigkeit, mit
der aus jeder Idee eine Wirkung folgt[5]). Spinoza trennt
noch nicht die logische Folge von der thatsächlichen Wirkung.

Aus alledem erkennt man leicht den Rationalismus
Spinozas. Die Vernunft ist untrüglich, sie ist wahr, ja
der einzige Weg der Erkenntnis. Die Erfahrung wird gering
geschätzt, sie dient nur, wie bei Descartes, zur nachträglichen Bestätigung des auf rationalem Wege Erkannten[6]);
allein ist sie ohne Wert[7]), sie giebt keine Erkenntnis des
Wesens der Dinge[8]). Wo der Erfahrungsbeweis angeführt
wird, geschieht es mehr um der Menschen willen, die nun
einmal durch Vernunftgründe allein sich nicht bewegen
lassen, als aus wissenschaftlichem Interesse[9]). Denn wozu

---

ep. 23, 42 (ad haec omnia assiduam meditationem et animum propositum-
que constantissimum requiri), 60; ep. 28 (vgl. Desc. notae in progr.
quodd. S. 219, zu art. 14); de int. emend. S. 153, 164, 167; tract. de deo
et hom. II, 23.
   [1]) Eth. II, 48 schol., 49. de int. emend. S. 144 Anm. (praeter ideam
nulla datur affirmatio neque negatio, neque ulla voluntas). tract. de
deo et hom. II, 16.   [2]) Eth. III, 1; IV, 52 dem.; V, 4 schol.
   [3]) Eth. III, def. 1 und 2, prop. 1.   [4]) II, 7 cor.   [5]) I, 36.
   [6]) tract. theol.-pol. XVII. S. 180; XIX. S. 207. Eth. II, 17 schol.;
V, 6 schol. ep. 25, 30, 62. tract. pol. II, 6. Die Versuche verwendet
Sp. ebenso wie Desc. ep. 6, 9. de int. emend. S. 166.
   [7]) de int. emend. S. 152 Anm.   [8]) ep. 28. Vgl. auch S. 42.
   [9]) Eth. III, 2 schol. tract. theol.-pol. V. S. 60.

soll die Erfahrung dienen, da ja alles Wahre entweder durch
sich selbst als solches erkannt wird, oder durch ein anderes[1]),
das wir schon als wahr kennen? So ist die Deduction auch
auch bei Spinoza die wissenschaftliche Methode. Seine
ganze Ethik ist ein Beweis dafür; denn in ihr wird alles
aus wenigen Definitionen und Axiomen abgeleitet. Auch
die hohe Schätzung der Mathematik hat der Rationalismus
Spinozas mit dem des Descartes gemeinsam[2]), ja sie tritt
bei Spinoza durch die Anwendung der geometrischen Methode
bei der Darstellung seiner eigenen und der cartesianischen
Philosophie noch mehr hervor. Sonst unterscheiden sich
beide dadurch, dass Spinoza ein grösseres Zutrauen zur
menschlichen Erkenntnis hat als Descartes[3]). Daher nennt
er auch die Fähigkeit zu erkennen den besseren Teil des
Menschen[4]) und die Erkenntnis seinen letzten Zweck[5]). Wie
Descartes erblickt auch er in den Vorurteilen ein grosses

---

[1]) Eth. I, ax. 2; V, 28. tract. theol.-pol. VI. S. 67, 68. Beispiele
für per se nota (ausser den Axiomen): ep. 6. Eth. I, 26, 30, 31, append.;
II, 5, 28, 42, 43; IV, 21, 25, 39; V, 35. tract. theol.-pol. IV. S. 45;
V. S. 59; IX. S. 117. de int. emend. S. 145, 146, 167; für die Ge-
wissheit der deducierten Erkenntnis: tract. theol.-pol. II. S. 17; V. S. 59.
Eth. II, 40; V, 10 dem., 12 dem., 30 schol. de int. emend. S. 146. —
Es findet sich sogar eine Parallele zu dem Satz des Desc., dass mit
dem Fortschritt der Deduction die Gewissheit abnehme (vgl. S. 17):
Nach Eth. I, app. werden die Wirkungen um so unvollkommener, je
mehr vermittelnder Ursachen sie bedürfen.

[2]) Daher vergleicht er auch die Gewissheit seiner Philosophie mit
der der geometrischen Axiome. Eth. IV, 18 schol., 57 schol. tract.
theol.-pol. II. S. 17. Ja die Mathematik hat erst zur rechten Erkenntnis geführt. Eth. I, app. S. 111.

[3]) princ. phil. more geom. dem., praef. S. X. ep. 14, 74. Eth. V,
39 schol. tract. pol. I, 4; II, 1. Vgl. auch Ritter, Geschichte der
Philosophie XI, 95.

[4]) Eth. IV, app. cap. 32.; V. praef. (mentis potentia sola intelligentia);
V, 20 schol. tract. theol.-pol. IV. S. 43.

[5]) Eth. IV, app. cap. 4; IV, 28; V, 25, 27. de int. emend. S. 162.
tract. de deo et hom. II, 4.

Hindernis der Erkenntnis[1]). In seiner Terminologie ist er einfacher als Descartes, vom lumen naturale redet er nur in seinen früheren Schriften[2]). Auch fehlt bei ihm eine ausgebildete Lehre von den ewigen und den angeborenen Wahrheiten[3]), und vor allem die Rücksicht auf die Religion; denn Religion und Vernunft widerstreiten nach Spinoza einander durchaus nicht[4]). Daher giebt er auch zu, ganz im Gegensatz zu Descartes (vergl. S. 13), dass wir Gott auf vernünftige Weise adäquat erkennen können.

Allerdings ist auch die Erkenntnis Gottes, die Spinoza aus der Vernunft ableitet, ganz anderer Art als die, die Descartes verlangt. Durch seine Identificationen kommt er leicht dazu. Darin schon, dass wir die Dinge als notwendig betrachten (und dies gehört zur Natur der Vernunft[5])), liegt

---

[1]) de int. emend. S. 147. Eth. I, append.; II, 49 schol. ep. 62.
[2]) z. B. cogit. met. II, 8, 12. tract. theol.-pol. praef. S. VIII, IX; cap. VII. S. 93; XV. S. 163 (ratio revera mentis lux est), 165.
[3]) Eth. I, def. 8 expl., 8 schol. II, 20 cor. I; III, def. affect. 1, expl. tract. theol.-pol. IV. S. 46; XVI. S. 169/170. de int. emend. S. 143 Anm. (per vim nativam intelligo illud, quod in nobis a causis externis non causatur); S. 145, 149. ep. 28 (...... aeternae veritates. sub quo nihil aliud significare volunt, quam quod talia nullam sedem habent extra mentem). Doch scheint er ebenso wie Desc. (vgl. S. 16) anzunehmen, dass das vernünftige Denken nicht fertig angeboren ist, sondern erst entwickelt wird. Eth. I, app. (omnes homines rerum causarum ignari nascuntur). V, 39 schol. tract. pol. IX, 14.
[4]) cogit. metaph. II, 8: sed absit cogitare, quod in sacris litteris aliquid reperiri possit, quod lumini naturae repugnet. tract. theol.-pol. praef. S. IX: cum in iis, quae scriptura expresse docet, nihil reperissem, quod cum intellectu non conveniret ...., omnino mihi persuasi, scripturam rationem absolute liberam relinquere et nihil cum philosophia commune habere, sed tam hanc, quam illam proprio suo talo niti. — Ausserdem fürchtete sich Sp. nicht, wie Desc., vor Verfolgungen und Anfeindungen um seiner Lehre willen.
[5]) Eth. II, 44. Diese Erkenntnis, dass alles notwendig ist, ist die Grundlage seiner Ethik. Denn die aus der imaginatio stammende Anschauung, dass die Menschen frei seien, ist eine Hauptursache der

eine Erkenntnis einer wesentlichen Eigenschaft Gottes; denn die Notwendigkeit gehört zur Ewigkeit Gottes[1]). Aber weil die Vernunft nicht das Wesen der Dinge unmittelbar erfasst, so erkennt sie bloss sub quadam aeternitatis specie[2]). Erst die intuitio hat eine Erkenntnis sub specie aeternitatis schlechthin[3]).

Auch von einer anderen Betrachtung ausgehend, kommt Spinoza zur Gotteserkenntnis. Es entsteht die Frage, woher der Geist die adäquaten Vorstellungen bekommt, die das Material seiner intellectuellen Erkenntnis bilden. Die Ideen, die bloss aus seiner Natur folgen und daher adäquat erkannt werden, umfassen ja sehr wenig. Diese Frage beantwortet Spinoza einfach dahin, dass das allen Gemeinsame nicht anders als adäquat begriffen werden kann[4]). Unsere Gegenfrage, woher wir denn wüssten, dass dieser oder jener Bestandteil einer Idee allen gemeinsam sei, da wir ja bloss einen kleinen Teil aller Ideen kennen, könnte er leicht mit seinem Wahrheitskriterium beantworten, dass alles Wahre

---

Affecte. Eth. III, 49; V, 6. Übrigens bewegt sich Sp. bei der Bekämpfung der Affecte durch die Vernunft im Zirkel: Die Affecte hindern am Erkennen V, 10, aber dies ist doch das einzige Mittel gegen sie V, 3, 4 schol. Ebenso muss der Geist frei von Affecten sein, um Gott erkennen zu können, andrerseits aber ist die vernünftige Erkenntnis der Dinge und damit Gottes notwendig zur Befreiung von den Affecten. V, 15. ep. 25.

[1]) Eth. I, def. 8; V, 30. tract. theol.-pol. VI. S. 67.

[2]) Eth. II, 44 cor. II. de int. emend. S. 167. Die imaginatio dagegen erkennt nur sub duratione, certo numero et quantitate.

[3]) Eth. V, 29 f. Vgl. über diesen Unterschied Camerer, a. a. O. S. 107 f.

[4]) Eth. II, 38. Damit kommt zugleich eine Verschiedenheit in die adäquaten Erkenntnisse. Eine Erkenntnis kann adäquat sein: 1. weil sie aus unserer Natur allein folgt, 2. weil sie allen gemeinsam ist. Selbstverständlich ist auch das aus adäquater Erkenntnis Gefolgerte adäquat. Eth. II, 40. Vgl. S. 47. Für die Gotteserkenntnis ist die zweite Art der adäquaten Erkenntnis von Bedeutung.

sich selbst als wahr offenbart. Mit diesem Satz fällt aber
auch jener.

Sehen wir nun näher zu, was allen gemeinsam ist, so
ist es bloss die Zugehörigkeit zu dem Attribut des Denkens
oder zu dem der Ausdehnung, oder noch einfacher die Existenz[1]). Gott erkennen heisst also, die Dinge als wirklich
existierend erkennen in ihrer Zugehörigkeit zur Substanz[2]),
d. h. im Lichte des spinozischen Systems. Diese Ableitung
der adäquaten Erkenntnis Gottes hat ausser der Inhaltslosig-
keit ihrer Gotteserkenntnis noch den Fehler, dass sie sich im
Zirkel bewegt. Gott erkennen wir, wenn wir die Einzeldinge als wirklich existierend erkennen, denn die Idee eines
wirklich existierenden Einzeldings schliesst das ewige und
unendliche Wesen Gottes in sich[3]); daher erkennen wir
Gott um so mehr, je mehr wir die Einzeldinge erkennen[4]).
Andrerseits aber müssen wir, um die Einzeldinge zu erkennen,

---

[1]) lemma 1 und 2 nach Eth. II, 13 (wobei lemma 2 nach lemma 1
zu corrigieren ist). II, 46 dem.

[2]) ad dei ideam referre V, 14; nos partem naturae esse IV, app.
cap. 32. cognito unionis, quam mens cum tota natura habet. de int.
emend. S. 138 u. a.

[3]) Eth. II, 45. tract. theol.-pol. IV. S. 43. Dieses involvere ist in
der spinozischen Beweisführung fehlerhaft. Es kann nicht heissen: Mit
der Idee eines wirklich existierenden Einzeldings ist eine Erkenntnis
Gottes gegeben; denn in dem Einzelding ist das ewige und unendliche
Wesen Gottes nicht enthalten, da er ja alle modi umfasst. Und die
modi drücken nicht das unendliche Wesen Gottes schlechthin aus,
sondern nur certo et determinato modo. I, 25 cor. Das involvere heisst
nach dem Sprachgebrauch Sp.s auch gar nicht: einschliessen, so dass
mit dem Involvierenden auch das Involvierte gegeben wäre, sondern:
voraussetzen, vgl. z. B. I, ax. 4. So sagt er II, 49 demonstr.: idem enim
est, si dicam, quod A conceptum B debeat involvere, ac quod A sine B
non possit concipi. Ich muss daher das ewige und unendliche Wesen
Gottes kennen, wenn ich einen modus als einen Teil davon auffassen soll.

[4]) Eth. V, 24. tract. theol.-pol. IV. S. 43; VI. S. 68.

schon Gotteserkenntnis haben; denn nichts kann ohne Gott
begriffen werden[1]). Eine wirklich vollkommene Erkenntnis Gottes, der aus
unendlichen Attributen besteht, ist ja gar nicht möglich.
Spinoza giebt dies selbst an einigen Stellen zu[2]); wenn
er trotzdem an anderen Stellen eine adäquate Erkenntnis des ewigen und unendlichen Wesens Gottes als möglich hinstellt, so fehlen ihm zur Rechtfertigung dieser Inconsequenz die Beweise, oder seine Gotteserkenntnis umfasst bloss einen Teil des göttlichen Wesens, oder ist überhaupt inhaltsleer. Und wenn er von einem mystischen Erfassen des ewigen und unendlichen Wesens Gottes spricht,
zu dem wir durch die dritte Erkenntnisgattung kommen
können, so entbehrt diese Behauptung nicht nur des Beweises, sondern auch der Erklärung.

Mit allen diesen Ausführungen über die Erkenntnis des
Wahren verbindet Spinoza ein ethisches Interesse. Die
eigentliche Aufgabe seines Werkes verliert er nie aus den
Augen. So sind auch viele Sätze seiner Ethik im praktischen
Leben sehr wohl zu verwenden, und alles, was wir von
seinem Leben wissen, ist ein Zeugnis dafür, dass er nicht
nur lehrte, sondern, was mehr ist, auch nach seinen Lehren
handelte. Nicht mit Unrecht rühmt er seiner Philosophie
nach[3]), dass sie Gleichmut gegen irdisches Unglück, mildes
Urteil und Freundlichkeit gegen die Menschen lehre und
fördere. Aber gerade der Gedanke, der dem allen zu Grunde
liegt, dass nämlich alles mit Notwendigkeit geschieht, lässt
seine Lehre vom Wahren und Falschen erkenntnistheoretisch
nicht fruchtbar werden, ganz abgesehen von seinem Miss-
trauen gegen das empirisch Erkannte.

---

[1]) Eth. I, 15. tract. theol.-pol. IV. S. 43. de int. emend. S. 165.
ep. 15. tract. de deo et hom. I, 3; II, praef.
[2]) ep. 60. Vgl. tract. de deo et hom. II, 22.
[3]) Eth. II, 49 schol.

Anders ist dies bei Descartes. Er philosophiert nicht, um seine Philosophie fürs praktische Leben zu verwenden, sondern ihn leitet das Interesse der Naturerklärung. So dient ihm seine Lehre vom Wahren und Falschen dazu, eine neue Methode des Erkennens aufzufinden. Da er aber dabei mit seinem Gottesbegriff in Widerspruch gerät, muss er sein Augenmerk auf die Lösung dieses Widerspruchs, auf die Theodicee, richten. Ist nun seine Theorie auch im einzelnen nicht zu halten, so kann doch die praktische Lehre, die er daraus folgert, ohne weiteres als eine erkenntnistheoretische Maxime hingestellt werden: Man soll nicht über etwas urteilen, das man noch nicht klar und deutlich erkannt hat. So selbstverständlich und allgemein angewandt dieser Grundsatz bei der Wissenschaft, besonders bei der empirischen, ist, so wenig wird er im gewöhnlichen Leben befolgt. Spinoza hat zwar recht, wenn er das Zurückhalten des Urteils selbst als Urteil bezeichnet[1]), durch das das erste mit jeder Vorstellung unmittelbar, wenn auch unbewusst, verbundene Urteil aufgehoben wird. Aber eben weil wir oft die Erfahrung machen, dass die eingehendere Beschäftigung mit einer Sache dem ersten Eindruck unrecht giebt, sollen wir uns bemühen, dem unmittelbaren ersten Urteil nicht zu folgen; sonst werden wir immer statt Urteilen, die wir vertreten können, unbegründete Vorurteile haben. Auch hier ist fast alles Sache der Gewöhnung.

---

[1]) Eth. II, 49 schol. Denselben Vorwurf kann man seinen eigenen ethischen Verhaltungsmassregeln machen. Wie das Zurückhalten des Urteils im eigentlichen Sinne nicht möglich ist, so ist auch eine Aufhebung der Affecte durch die Erkenntnis nicht möglich. Wie das erste Urteil aufgehoben sein muss, damit das zweite, das „Zurückhalten des Urteils", Giltigkeit erlangen kann, so müssen auch die Affecte aufgehört haben, wenn die richtige Erkenntnis eintritt. Eth. V, 10. Wenn trotzdem die spinozische Maxime praktisch anwendbar ist, so beruht das auf der Möglichkeit der Gewöhnung an eine bestimmte Anschauung.

Lebenslauf.

Am 5. Februar 1875 wurde ich, F r i e d r i c h Oskar Theodor M e i e r, zu Dresden geboren als der Sohn des am 3. August 1874 verstorbenen Kaufmanns Georg Friedrich Meier und seiner Frau Johanna Marie Ernestine, geb. Schmidt. Ich bin evangelisch-lutherischer Confession; getauft wurde ich am 4. März 1875, confirmiert am 23. März (Sonntag Judica) 1890. Den ersten Unterricht genoss ich von Ostern 1881 bis Ostern 1885 im Privatinstitut des Herrn Director Thümer in Blasewitz bei Dresden. Von Ostern 1885 an besuchte ich das Kreuzgymnasium in Dresden, das ich Ostern 1893 mit dem Reifezeugnis verliess. Im Sommersemester 1893 studierte ich ohne ausgesprochene Neigung für dieses Studium in Tübingen Jurisprudenz, daneben mit grossem Interesse philosophische Vorlesungen hörend. Vom 1. Oktober 1893 an diente ich als Einjährig-Freiwilliger beim Schützenregiment in Dresden, bei dem ich auch in den folgenden Jahren zu den beiden Reserveübungen eingezogen wurde. Während der Militärzeit entschied ich mich für das Studium der Theologie, dem ich seit dem Wintersemester 1894/95 an der Universität Leipzig obliege. Neben meinem Hauptstudium trieb ich eifrig Philosophie; besonders interessierte mich von Anfang an die Erkenntnistheorie. Philosophische

Vorlesungen hörte ich bei den Herren Spitta, Volkelt und
Wundt. Reiche Anregung, besonders auch die erste Anleitung
zum Studium der Quellen verdanke ich den Übungen im
philosophischen Seminar des Herrn Geheimen Hofrat Professor
Dr. Heinze und im philosophischen Proseminar des Herrn
Privatdocenten Dr. Barth. Dem Proseminar gehörte ich vom
S.-S. 1895 bis zum W.-S. 1896/97 an, Mitglied des Seminars
bin ich seit dem W.-S. 1896/97. Die mündliche Doctorprüfung
(Philosophie, Pädagogik, Hebräisch) fand am 18. Mai 1897 statt.

.